本文系 2021 年度北京高校思想政治工作研究课题"新时代高校立德树人'四位一体'落实机制的整体构建研究"（项目编号：BJSZ2021ZC93）阶段性研究成果

高校思政课程改革与教师职业素养提升

石国华◎著

吉林大学出版社

·长春·

图书在版编目（CIP）数据

高校思政课程改革与教师职业素养提升 / 石国华著. --
长春：吉林大学出版社, 2023.1
　　ISBN 978-7-5768-1145-2

　　Ⅰ. ①高… Ⅱ. ①石… Ⅲ. ①高等学校－思想政治教育－教学改革－研究－中国②高等学校－师资培养－研究－中国 Ⅳ. ① G641 ② G645.12

中国版本图书馆 CIP 数据核字 (2022) 第 226591 号

书　　名	高校思政课程改革与教师职业素养提升
	GAOXIAO SIZHENG KECHENG GAIGE YU JIAOSHI ZHIYE SUYANG TISHENG
作　　者	石国华　著
策划编辑	殷丽爽
责任编辑	安　萌
责任校对	殷丽爽
装帧设计	李文文
出版发行	吉林大学出版社
社　　址	长春市人民大街 4059 号
邮政编码	130021
发行电话	0431-89580028/29/21
网　　址	http://www.jlup.com.cn
电子邮箱	jldxcbs@sina.com
印　　刷	天津和萱印刷有限公司
开　　本	787mm×1092mm　1/16
印　　张	12.5
字　　数	220 千字
版　　次	2023 年 1 月　第 1 版
印　　次	2023 年 1 月　第 1 次
书　　号	ISBN 978-7-5768-1145-2
定　　价	72.00 元

版权所有　翻印必究

作者简介

石国华　男，毕业于北京科技大学思想政治教育专业，研究生学历、现工作于北京联合大学，讲师职称,研究方向为大学生日常思想政治教育与管理，公开发表相关论文 10 余篇，参与和主持省部级课题 2 项。

前　言

从提倡素质教育到如今的注重学生核心素养的培育，我国新时代的教育改革对教师提出了新要求。高校思政课教师职业素养建设是高校教师队伍建设的重要组成部分，职业素养状况如何直接影响到整个高校教师队伍建设。思政课教师作为落实立德树人根本任务的重要群体，其职业素养建设意义重大，发挥着示范引领作用，进而影响教学水平以及学生自身的发展。对此，本书紧紧围绕"高校思政课程改革与教师职业素养提升"这一主题展开论述，依次对高校思想政治课程概述、教育现状分析、改革策略探究、高校思政教师职业道德概况以及提升职业素养的有效对策等方面做出全面解读。本书反映了高校思政课程的新态势，突出了高校思政课程演变的新特征，具有前瞻意义。同时本书视角独特、观点新颖、论述翔实，可作为相关参考用书。

本书第一章为高校思想政治课程概述，分别介绍了思政课程的教学原则、思政课程的教学内涵以及思政课程的教学方法三个方面的内容；本书第二章为高校思想政治教育现状分析，主要介绍了三个方面的内容，依次是思政教育的总体特征、思政教育存在的问题和教学改革阶段的机遇；本书第三章为高校思政课程改革策略探究，依次介绍了三个方面的内容，分别是高校思政课程改革意义、高校思政课程改革策略和多样化的教学融合创新；第四章为高校思政教师职业素养概况，依次介绍了高校思政教师的角色定位、高校思政教师必备的职业素养和思政教师职业素养存在的问题三个方面的内容；本书第五章为提升职业素养的有效对策，主要介绍了两个方面的内容，分别是学校国家扶持把控和思政教师及辅导员自身提升。

在撰写本书的过程中，作者得到了许多专家学者的帮助和指导，参考了大量的学术文献，在此表示真诚的感谢。本书内容系统全面，论述条理清晰、深入浅出，但由于作者水平有限，书中难免会有疏漏之处，希望广大同行及时指正。

作者
2021 年 7 月

目 录

第一章 高校思想政治课程概述 ………………………………………… 1

第一节 思政课程的教学原则 …………………………………… 1

第二节 思政课程的教学内涵 …………………………………… 17

第三节 思政课程的教学方法 …………………………………… 26

第二章 高校思想政治教育现状分析 …………………………………… 46

第一节 思政教育的总体特征 …………………………………… 46

第二节 思政教育存在的问题 …………………………………… 64

第三节 教学改革阶段的机遇 …………………………………… 77

第三章 高校思政课程改革策略探究 …………………………………… 87

第一节 高校思政课程改革意义 ………………………………… 87

第二节 高校思政课程改革策略 ………………………………… 96

第三节 多样化的教学融合创新 ………………………………… 110

第四章 高校思政教师职业素养概况 …………………………………… 149

第一节 高校思政教师的角色定位 ……………………………… 149

第二节 高校思政教师必备的职业素养 ………………………… 155

第三节 思政教师职业素养存在的问题 ………………………… 166

第五章　提升高校思政教师职业素养的有效对策 …………… 173

　　第一节　学校国家扶持把控 ………………………………… 173

　　第二节　思政教师及辅导员自身提升 ……………………… 181

参考文献 ……………………………………………………………… 190

第一章　高校思想政治课程概述

本章的主要内容为高校思想政治课程概述，我们分别介绍了思政课程的教学原则、思政课程的教学内涵以及思政课程的教学方法三个方面的内容。期望能够通过本书的讲解，提升大家对相关方面知识的了解。

第一节　思政课程的教学原则

一、人本原则

（一）人本原则的内涵

人本原则，顾名思义就是以人为本的原则。"人本"这个概念在中华优秀传统文化中由来已久。古代有了文字记载以来人本原则的思想最初雏形来自春秋时期的管仲，"夫霸王之所始也，以人为本，本治则国固，本乱则国危。[①]"《管子》中的这句话充分证明了我国以人为本的思想在古代就已经得到了社会的普遍认同。而且作为儒家文化的另一个代表人物孟子也曾提出："民为贵，社稷次之，君为轻[②]"。这显示出了人本原则在中国有着广泛而深刻的理论基础与普遍认同。而在马克思主义理论中，关于人本原则的思想也是马克思主义理论中最重要的内容之一。马克思主义将人的全面发展中分为三个主要部分，第一个部分是人的能力在整个社会中充分而自由的发展；第二个部分是人的独立性的阶段（以人类对物质的依赖

[①] 管仲著. 管子 [M]. 长春：时代文艺出版社，2008.07.
[②] 孟子著；王俊编校. 孟子 [M]. 北京：中国商业出版社，2019.10.

关系为基础）；第三部分是社会关系和人的个性的全面发展。人本原则的最重要体现就是人的自由而全面的发展这一根本目标与最终要求。

人本原则在高校思想政治教育中更着重于作为个体的人的个性的释放与发展，形成一种对人在社会中扮演了重要角色以及发挥着重要作用的肯定。这个个体不仅是指学生个体的自由发展，也是指作为教育者的教师同样也是主体之一，承担着重要的责任。思想政治教育工作坚持人本原则实质上就是坚持以人为本的教育理念，将教育者与受教育者都放在主体的地位，将马克思主义的基本观点运用到日常教学工作中，实现教学资源、综合管理、思想指导三者的有机结合，为高校青年学子树立正确价值观导向、世界观开阔、人生观引领，为今后个人的发展与国家的前进打下良好基础。

（二）坚持人本原则的必要性

1. 坚持高校思政的教育价值观

以人为本的原则自提出以来，就不断地渗透到社会的各个领域，也包括教育领域。在高校思想政治教育工作中，经过多年的实践，我们可以得出以人为本是在教学中最基本的思维导向。只有坚持以人为本这一原则，教学工作者才能在高校教育中创新出一些创新型的教育方式，同时这一理念对整个高校教育体系的完善也是非常重要的。高校思想政治教育分为很多内容，每一部分的内容都要制定相应的教学方法，而这些教学方法的制定也要严格遵守以人为本的原则，所以说坚持以人为本不仅影响着教学的大体方向，而且还对教学过程中的各个细节做出了明确的要求。因此在这样的教育背景下，我们的教育工作者也要形成以人为本的教学理念，任何一种教学方式的诞生都应该围绕以人为本进行展开。在高校思想政治教育中，教师主要起到的是引导的作用，以人为本也提倡这样的教学方法，将学生放到教育的主体地位。就这样日复一日，年复一年，教师的心中就会形成一个固定的模式，随时按照以人为本的原则安排具体工作。

2. 凸显高校思想政治教育目的

坚持以人为本，从字面理解我们就能看到这里所说的人指的是学生个体，所以我们要将每个学生都培养成一个自由发展的人，而高校思想政治教育的主要目的表现在以下几个方面。第一方面是学生在独立发展的过程中要有充分的自由，并且学生发展的方向要更加的全面。马克思曾经说过，人是一切社会关系的总和，要想让一个人在社会中充分发挥他的价值，就要不断地通过实践来实现。另一方面，人在社会中生存和发展的基础就是实践。教师在教育过程中可以对学生起到充分的引导作用，而学生通过自己的学习和主观能动性改变自身，完善自身，进而发挥个体在社会中存在的价值，通过一些实践活动，对周边的自然进行改造，或者是满足自身的生存和生理需要。但是要想达到这些教育目的，是需要一定的社会关系的，而教师与学生之间就是一种社会关系。随着时代的进步和科技的发展，我们的生产力水平也在不断地提高，因此人类的实践能力也随着社会的发展而进步。坚持以人为本，通过社会实践来摆脱环境的束缚以及克服各方面的困难，就成为自由而全面的发展前提。高校思想政治教育属于上层建筑思想，因此这方面的教育工作一定不可忽视，未来的共产主义社会需要接班人，而教育工作者所要做的就是引导学生引领人类的生存与发展。

3. 贴近主体之一受教育者群体

大量具有重复性的精准社会调查均证明，现如今我国青年学生的政治素养和思想教育水平总体来说较为良好。他们在日常生活和学习中思想活跃、拥护中国共产党、热爱祖国，并在社会和学校的双重影响下成长为对中国道路、理论、制度、文化等方面充满自信的社会中坚力量，并且坚信社会主义现代化伟大蓝图和中华民族伟大复兴的壮阔目标能够实现。可是，在西方资本主义意识形态的冲击下，我国部分大学生思想同样也面临着冲击和挑战，而且逐渐受到一些拜金主义和民族虚无主义的影响，表现出对过往历史和民族英雄甚至是对中国共产党的质疑和否定。作为思想政治教育理论传播载体的高校如果不能够深刻认识到贴近青年学生，彻底了解他们的思想变动历程的重要性，那就只能是被认为进行"灌输式"的填鸭教育。高校思想政治教育工作者理应深入学生群体、想学生所想、急学生所急，切身感受学生的思想需求，更进一步地与学生沟通交流，运用全新的教育教学方法来去了解青年群体的思想症结、心理诉求，将自己置身于青年学子的群体中去，才能在生活和学习中与他们进行更好的交流和沟通，达到教育双方的相互理解和支持。

（三）坚持人本原则的途径

1. 双主体地位的业内共识

首先要尊重教育者的主体地位。在思想政治教育中，教师扮演了一个举足轻重的角色，虽然在大学阶段众多学生已经生理上成年，他们朝气蓬勃，勇敢上进，但与此同时他们同样也是一个意志力较为薄弱的群体，世界观人生观、价值观还未完全扩充完整。如果没有在教师正确和合理的引导下，很容易在意识形态上产生偏差进而对个人甚至学校和社会产生严重的负面影响。高校思想政治教育就是要发挥出教师的引导作用，充分了解学生的成长环境以及人生经历，尊重其个体的独立与个性，将理论方法逐步以学生所能接受的方式进行德育教育。其次当然而也要尊重学生作为主体之一所产生的不可忽略的作用。思政教育工作者必须让学生意识到自己的主体作用，使其产生强烈的主体意识，在日常学习和生活的交流中逐步培养起学生的自觉学习态度，真正做到心中有律，行动有规。只有在业内达成教育者与被教育者双主体地位的共识，才可以让思想教育理论不断地得到创新与发展，加强思想政治教育在现实生活中的实践作用，使主体之一的受教育者成为我国社会主义现代化建设的中坚力量。

2. 科技背景与教育方法融合

现今时代是大数据人工智能的时代，各种科学技术层出不穷。思想政治教育作为教育体系中极为重要的一环同样也需要跟上时代潮流，利用科学技术是相对教学方法的创新与发展。先进教育必须更注重培养能力，但是能力必须与自身知识体系结合在一起才能发挥更大效用。所以努力做到知识与能力的结合才能在科技时代实现科技与教育的创新发展。要想让思想政治教育的实效性得到提升，教育者一定要将自己置身于科技发展水平不断推进的历史发展进程中，做到因势而新。同时紧跟国际趋势，对于国内、国外思想政治教育工作的新方法与手段应该进行时刻地关注。正确认识我国与其他西方发达国家之间的差异，全面的、客观地认识当代中国教育环境，并与国际接轨，不断提升自身教育的质量与水平。在教育手段上的创新往往体现着一个学校对思想政治教育的重视程度，不断开展课外的实践活动，如田野调查或红色之旅等方式是让一部分五谷不分、四体不勤的青年学生体验当代中国与近代积贫积弱备受屈辱的中国最直接的方式，也是历史与现代的一次跨时空连接。还有线上慕课等大量利用网络平台衍生出的全新的教育教学方法，不仅创新了思想政治教育的传播模式，也合理优化了对被教育者的考察结构。基于此，各大高校更应该积极合理的利用起网络平台，对大学生进行多方引导，合理上网、文明上网，全面提高网络化时代高校学子的整体素质。

3. 建设高校立德树人教育环境

科学文化知识与人文情怀精神是高校区别于其他教育传播载体的关键所在，校园文化环境无论是对教师还是对学生都会产生极为重要的影响。习近平总书记在多次讲话以及很多场合中都强调了立德树人这个教育大环境和教育基本理念在高校思想政治教育中的重要作用，高校作为社会主义建设人才输送的主要形式，积极推进立德树人教育环境的基础建设就是坚持人本原则发展创新思想政治教育。首先要把师德师风建设放在首要位置，教师不仅是专业知识的教授者，同样也是道德教化的传播者，师风师德建设是高校立德树人教育环境基础建设的最重要一环。这要求高校教师不仅要有高学历，还要具备高品德，只有这样才能对学生产生积极正面的影响，对整个高校环境起着至关重要的作用。其次是必须把马克思主义的指导作用放在首位，以科学性和革命性统一的马克思主义指导思想为主体，根据受教育者的需要开展丰富多彩、创新十足的校园文化活动，具体落实理论上有指导、实践中有规范。最后，要在校园网络平台中坚持宣扬立德树人理念，将高校人本原则的思想政治教育方法和观念合理植入学生群体心中，让他们从内心产生强烈的认同感和荣誉感，并且以自身行动积极维护校园文化环境的创建。

4. 引导受教育者完整人格塑造

人本原则的基础环节就是受教育者作为独立个体的完整人格塑造与发展。高校教育的价值所在是源源不断地向社会输送高素质高文化的人才。面对激烈的社会竞争，高校思想政治教育人本原则的重要症结就在于，怎么样才能在校园环境内实现受教育者完整人格的健全发展。现今社会，不仅要求青年学子有更高的文化素养、科学素养，更要求其作为社会中的一个独立个体，有其完整人格的具体展现和政治态度的积极方向。高校思想政治教育就是在人本原则之下，使青年学子自信、自立、自强，不断引导和发展他们成为整个社会的优良建设者，且能在飞速发展的社会环境下做出积极应对以保证自己不被社会所淘汰，还能为社会的发展、国家的富强做出贡献。只有这样才能实现自己的人生价值，在面对未来世界挑战的时候才能够做到从容不迫。在我国的教育体系中，高校思想政治教育是非常重要的组成部分，只有在高校思想政治教育工作中坚持人本原则，将"一个主体"的观念彻底打破，充分尊重教师在教学引导上的主体作用，充分认识学生在树立正确的世界观、人生观、价值观，为整个社会奉献青年力量的主体作用，培养教师在教学中的主动创新性和学生在学习过程中的主动接受性，在科学的马克思主义理论的引领下，才能真正实现中国梦，实现中华民族的伟大复兴。

二、求实原则

（一）求实原则的内涵

1. 必须适应社会发展与人民群众客观实际

群众作为社会的主人，其本质是一切社会关系的总和。因此，群众个体所拥有的社会关系以及社会意识等因素，不仅会对群众思想的变化发展产生影响，而且还会对其起到制约的作用。思想政治教育对于群众个体与群体的思想转化都要加以重视，并且要重视社会风气以及舆论能够起到的作用。这就要求，思想政治教育出发点与立足点一定要是社会发展的实际以及群众的思想问题现状，不仅应该将群众看成是一个整体，在相同的起点上进行教育，又应该对千差万别的群众思想问题深入细致地进行研究，并对其加以解决。这样一来，就能够让理论与实践紧密地联系起来，让思想政治教育本身的针对性以及有效性得到增强。要想能够对群众思想发展变化的规律有准确的了解与掌握，那么就只能与实际紧密贴合，做好与之相关的调查研究工作，让思想政治教育的针对性、系统性以及创造性不断得到增强。

2. 思想政治教育必须与利益引导相互结合

群众的思想、行动都与其自身利益密切相关，利益是群众进行生产及一切活动的动因，同时也是群众思想问题产生的根源。马克思主义的基本原则，就是让群众对自身的利益有充分的了解，并且让群众团结起来，为之进行奋斗，所以应该讲群众利益作为着眼点进行思想政治教育。从利益导向上看，社会中一切人的关系都是利益关系，社会矛盾之所以会产生，就是因为在利益上存在着差异或者利益是对立的。执政党如果想要将人心凝聚起来，让矛盾得到协调，从而形成强大合力，其坚持的利益导向一定要是正确的。利益导向正确，社会不同阶层和群体就会从根本上协调一致，能够共同行动和增强社会合力。在我国，国家、集体和个人利益从根本上就是一致的。我们进行思想政治教育的主要任务，就是引导人们认清这种一致性，为共同利益而奋斗，并且在奋斗的过程中让自我价值得到实现。毋庸置疑，个人、集体与国家的利益是不可分割的。在三者统一的关系中承认和尊重个人利益，是马克思主义的观点，也是思想政治教育工作的"求实"原则的要求。

3. 思想政治教育工作要有求真务实的作风

求真务实是党的优良作风的集中体现，也是思想政治教育工作必须坚持的。思想政治教育工作者必须养成求真务实的作风，把求真务实、言行一致作为自己思想和行为的重要准则。要做到求真务实就要不唯上、不唯书，实话实说，实事实办，少搞形式，不尚空谈。要爱岗敬业，把工作当事业干、当学问钻，既练"唱功"又练"做功"，勇于探索、创新。就是以身作则，率先垂范，要求别人的自己首先做到，以自身的模范作用教育群众，引导群众，激励群众。

（二）坚持求实原则的必要性

首先，从思想政治教育的现状看。由于我国社会主义市场主经济的不断完善，我国社会的政治、经济以及文化等方面都发生了前所未有的改变，人们的人生观、价值观、道德观、思维方式、行为规范等各个方面都发生着变化，以致在思想政治教育方面出现了一些矛盾：一些传统的思想政治教育方法已不能适应群众现在的思想；传统的思想道德规范与群众的思想实际不相适应。同时，思想政治教育注重的知识灌输理论，在整体素质教育方面比较缺乏，导致了思想增值教育不能与现实需要相适应。要想让这些问题得到解决，就一定要在进行思想政治教育创新的时候坚持求实原则，从而让新形势与新发展产生的需要得到满足。

其次，从思想政治教育的作用看。在新时期，创造价值就是思想政治教育最大的价值，可以在精神转化为物质的过程中，让先进的思想和党的路线、方针、政策可以被群众理解与掌握，进而让其变成能够改造世界的物质力量。总而言之，思想政治教育可以对劳动者个体和整体素质的提高发挥独特的作用，让生产力得到解放与发展。

最后，从增强思想政治教育的实效性看。增强思想政治教育实效性有两种含义：一是提高目的性，即要以党的指导思想为指导方针，坚持党在社会主义初级阶段的基本路线、方针、政策，遵循党的关于建设社会主义精神文明的指导思想、原则和方针，使思想政治教育保持正确的方向。二是增强有效性，即要在实践中讲求实际，实事求是地进行工作，让人们形成正确的思想和价值取向，提高观察、分析以及解决问题的能力，以此将工作的积极性、主动性以及创造性激发出来，让精神力量能够转变为物质力量以及财富。

（三）思政教育求实原则的当代启示

1. 用求实原则引领高校思政课创新

对于思想政治教育来说，其进行的主要渠道就是思想政治理论课，高校思想政治教育传授的知识应该是生动活泼的，而不应该是死板的知识，应该始终坚持实事求是，从学生的接受能力出发，可思想政治教育的内容具有时代性、具体性，所以，在不同的时期，进行思想政治教育的内容也应该是不同的。并且，高校的思想政治理论课不能单凭思政课教师对学生的课本的理论知识灌输，要结合现代化的多媒体教育教学方式，在教育教学中与学生发生教育主客体的互动，提高学生对理论课知识的接受性，以此让思想政治教育工作更加具有实效性。

2. 用求实原则营造高校的学术氛围

实事求是是学术研究所遵守的基本原则是学术的第一要义。因此，高校需要在学术领或真正贯彻求实原则，实事求是地对待学术成果，为高校营造健康良好的学术氛围。高校要用求实原则指导学术态度端正。尽管学术界对学术行为进行了严格的规范，对学术失范现象加大了惩处的力度，但学术失范行为仍然层出不穷，如找写手代笔等不道德的学术行为依旧在源源不断地出现。因此，在进行高校思想政治教育工作的过程中必须要坚持求实原则,加强高校师生学术道德教育,强化学术规范教育,学术诚信教育、科学精神教育、学术法制教育,保持学术的健康发展。

3. 用求实原则指导高校"全员育人"

首先,高校要以实事求是为原则,进一步完善思想政治教育的领导与制度,把求是原则贯彻到思想政治教育教学以及日常的工作中,不仅应该反对所有的形式主义作风,也要反对任何形式的弄虚作假,进而促进思想政治教育的领导与制度完善,提高高校思想政治教育工作的有效性。

其次,高校思想政治教育工作应该依靠全体教职工,而不能仅仅依靠思想政治理论课教师或专业课教师。提升高校全体教职工的育人意识,要以实事求是为原则,充分考虑高校教职工的人群特点。一方面,要选择合适的载体,利用各种现代化科技手段提升高校教职工的育人意识;另一方面,高校要以实事求是为原则对全校教职工的思想态势进行调研,通过对他们思想现状的准确把握,有针对性地提高他们的育人意识。

最后,在求实原则的指导下进行高校校园文化建设。一方面,高校要以求是原则提升校园物质文化水平,提升校园形象与风貌,对和谐的校园文化氛围进行营造,使学生在潜移默化中接受文化教育;另一方面,高校要以求是原则提升校园精神文化水平,经常开展校园实践活动,从而让给学生的综合素质得到提高。

三、灌输原则

(一)灌输的内涵

在现阶段当我们看到灌输这个词的时候,就会不由自主地将他与填鸭式的教育混淆。灌输的教育方式之所以会让人产生一定的偏见,主要是因为它的字面能够使人产生曲解。大部分人所认为的灌输就是将某些知识或者某些事物强行传达给某个人,强制让他接受。实际上在马克思主义理论体系中灌输的内涵是容易被人误解的,那么什么才是灌输的真正内涵呢?真正的内涵是马克思主义政党在宣传社会主义思想过程中所用到的一些教育行为,或者是日常宣传行为等等,通过这些社会实践来将马克思主义思想传播到人民群众中,进而帮助他们形成正确的世界观。马克思主义所宣扬的灌输，其实就是将人民群众的大脑武装起来，引导人民群众为了理想而奋斗，在科学理论的指导下不断地进行实践活动，提升自身的价值。

（二）坚持灌输原则的必要性

1. 高校思想政治教育的本质要求

在历史发展的长河中，我们可以看到任何阶段的统治阶级，都会要求学校培养出来对本阶级意识形态有利的人才，因此在教学的过程中，学校要对本阶级的意志进行灌输。在社会主义思想的引导下，思想政治教育的本质要求就是要通过合理合法的教育教学手段，对当代大学生灌输马克思主义，毛泽东思想，以及中国特色社会主义理论。在灌输的过程中，我们可以结合教学的实际情况对教学方法以及教学过程进行适当的规划，更好地引导他们提高自己的思想政治觉悟，有利于认清自己和社会现实。

2. 现阶段高校思政教育的迫切需要

当代社会的发展速度十分迅速，世界各国也在进行大发展以及大变革，在开放的思想文化背景下，有很多西方的思想文化也会渗透到我国的事业中在文化交流的过程中，我们要引导大学生合理选择思想政治学习需要，不断的巩固马克思主义意识形态在他们心中的地位。当代大学生是国家建设和发展的未来，他们在建设祖国方面一定要有伟大的建树。因此在中西方思想文化交锋的过程中，一定要始终坚持马克思主义，毛泽东思想和中国特色社会主义理论体系，进而实现中华民族的伟大复兴，将自己的学习过程与党和国家的前途命运挂钩。从当前的实际情况来看，青年大学生的思想政治觉悟还是非常健康和积极向上的他们对一些国家大事或者政治问题都有明确的辨别是非能力。因此高校在进行思想政治教育的过程中，整体的教育方向是没有问题的，在思想的灌输过程中依旧需要保持原有的高度，结合一些创新的教学手法激励大学生对思想政治教育的学习兴趣。在教学过程中结合马克思主义理论的观点和立场，对西方的反马克思主义错误思想进行合理的批判，也是教学的迫切需要，这样可以让当代的大学生自觉抵制西方的敌对势力，更有利于他们认清世界形势，对于一些想要分裂中国的邪恶势力进行有力的批判。始终坚定中国共产党的领导，努力做一个合格的社会主义事业接班人。

（三）坚持灌输原则的途径

1. 灌输的内容要有针对性

对于大学生思想政治教育工作，灌输的一定要是具有针对性的内容，有利于培养高素质、自主性、批判性的人才，现阶段，一定要把灌输内容的重点放在对大学生思想认识以及现实问题的解决方面，对社会当前普遍重视的热点话题进行辩证、客观、科学的揭示，借以指导大学生的思维能力，培养其更加深入的分析能力。在培养大学生知识水平的基础上对生活实践能力进行提高。这样有助于提高灌输原则的感染力和说服力。

2. 灌输的内容要正反结合

随着经济全球化的逐渐深入，我国社会呈现出转型局面，形势复杂，给大学生的成长带来困惑和迷惘，如果只是单纯地使用正面灌输的教育，那么就会显得苍白无力。所以，在进行灌输教育的时候，可以适当地穿插反面材料。不能一味地回避社会转型时期面临的巨大困难。这样的灌输更具说服力以及可信度，学生接受起来更加容易。

3. 灌输的方法具备多样性

灌输原则在实施过程中必须坚持教育模式的启发和引导作用，不能强制的硬灌。随着当代大学生思想意识的独立，竞争意识的增强以及法律意识的提高，自主性也大大增强了，要实现灌输的作用，在灌输实施的方式方法上必须要与时俱进，不断创新。做到理论与实践相统一，扩大灌输的覆盖程度，重视灌输进行中显性与隐形相结合的方法，提倡形象、环境、行为、校园文化、舆论、网络媒体以及时间等多种灌输方式相结合的模式。将灌输原则充分融入管理、文体活动、校园文化以及网络媒体之中，对大学生的思想意识造成潜移默化的影响。

4. 灌输方法结合自我教育

灌输不仅是实施思想政治教育的主要途径，也是社会文明传承的重要渠道。有些人认为灌输原则只适用于知识水平较低的人，因为大学生有自学能力，灌输原则是不适用的，他们可以通过自己的学习和生活来修养公民行为和道德。但实际上，自我教育和灌输的原则并不矛盾，两者相辅相成，相互促进。自我教育和灌输的基本目标是相同的，灌输最终必须通过自我教育来理解和消化。此外，自我教育还以灌输原则为基本条件，否则自我教育将缺乏正确的引导。灌输原则以其系统性、目的性以及正面性使学生在自我教育的过程中避免了随意性以及零碎性，有利于克服认识和理解上的误区。如果一味地否认灌输原则的重要性，就等于否定了教育的必要性。

5. 灌输客体具备主体能动性

高校在开展思想政治教育的时候，进行灌输的主体是教师，因此教师应该具备诱导性和能动性，占据主导地位。但是，大学生虽然是灌输的客体，也需要增强独立意识以及自主意识，具备相应的主体能动性。由于大学生人格独立、重视自身感受、崇尚自我实现，因此，主体能动性更能激发大学生的自觉学习和研讨精神，实现自我教育，乐于接受灌输。只有不断实现客体的能动性，灌输的价值才能得到提升。反之，如果不注重大学生主体性的发挥，使其思想和行为受到抑制，教师在灌输原则实施的过程中只注重自我为中心，灌输原则的目的就不容易实现，不利于大学生潜能的发挥。

四、心理相容原则

（一）心理相容原则的内涵

1. 心理相容原则的含义

心理相容是一种群体特性，是指群体中各成员之间由于理想、信念、观点一致而形成的一种融洽的心理交往状态，是良好人际关系在人们心理上的反映。每个人都是独立的个体，由于所处社会环境不同、社会经历各异以及认知水平参差不齐等，个体之间存在一定差异，主要表现在能力、思维、兴趣爱好、性格和气质等方面。在实际生活中，个体之间又有着相互联系、相互依存的关系，只有承认自身与他人的差异，做到相互理解、相互包容、相互信任和相互支持，个体之间的关系才能呈现出良好的发展趋势，社会也才能和谐发展。心理相容是实现个体之间"你中有我，我中有你"融洽关系的前提和保证。单独的个体只有在充满信任、理解、包容和情感交流的心理环境中,才能激发其主观能动性,使其更具活力、创造性、创新性,更能以乐观健康的心态面对生活、学习以及工作,实现自身价值。个体之间只有心理相容,才能创造一个积极的心理环境,从而将个体的力量凝聚在一起,集中力量实现集体的奋斗目标。

2. 思政教育中的心理相容原则

思想政治教育中的心理相容指的是教育主体与教育客体之间不存在心理屏障,认可彼此的个人能力,接受和尊重彼此的思想观念,理解和支持彼此的个性特征,形成心理和谐一致、情感相融相通的心理状态。思想政治教育要想取得良好的成效,其基本保证和前提条件就是教育者与受教育者之间要心理相容。假如教育者与受教育者之间可以相互信任与理解、包容与支持,那么教育者就能充分了解教育对象的所思、所想、所忧,从而采取科学有效的措施为教育对象排忧解难;教育对象也能够明白教育者的良苦用心,自愿接受教育者的教育引导,进而让思想政治教育工作的实效性得到提升。相反,如果教育者抱有偏见,对待教育对象的时候采用的态度比较生硬,或是教育对象怀疑和不理解教育者,甚至对教育者有反感心理,就必然会导致思想政治教育工作没有办法顺利地开展。

(二)坚持心理相容原则的意义

1. 有利于营造良好的心理氛围

在思想政治教育中,心理相容原则促进了教育者与大学生的相互理解、相互信任、相互依赖,形成了融洽、交流无障碍的师生关系,营造了良好的心理氛围。大学生在与教育者进行交流时,双方关系融洽,没有歧视、猜疑或矛盾,就能敞开心扉畅所欲言,说出自己所思、所想、所忧,为教育者全面掌握大学生的思想动态提供便利,让教育者可以在思想政治教育过程中因材施教,从而让高校思想政治教育工作更加具有实效性。

2. 有利于教育主客体充分发挥主观能动性

一方面,心理相容使大学生保持积极乐观的心理态度,不论是在生活上、学习上,还是在未来的工作中,都能充分发挥自身的主观能动性,激发思维潜能以及学习热情,促使他们积极主动地接受正确的引导,提高他们的学习效率和学习质量,让他们的学习更具创造性、包容性和多样性,在实现个性发展的同时实现自我价值，进而获得心理满足感和成就感，形成一种良性循环。另一方面，教育者看到大学生在自己的引导下，以积极乐观的态度面对生活、学习和工作，也会获得满足感和成就感，进而激发教育者的主观能动性，继续以热情乐观积极的态度投入教育工作。

3. 有利于消除大学生的逆反心理

大学生的世界观、人生观、价值观正处于发展期和形成期，对问题的了解并不全面，常常只知其表象而不知其本质。再加上大学生的个性强，自我管理能力差，常常以自我为中心，当自己的一些做法不被家长、教师、朋友所理解和信任时，就会产生消极对抗的情绪，出现逆反心理。在开展思想政治教育工作的时候运用心理相容原则，教育者会主动关心、信任、尊重、爱护大学生，让他们感受真诚的人文关怀和情感温度，触动其内心，让大学生能够对其产生信赖感，对于教育者进行的正确引导愿意主动地接受，并且能够听取不同的意见，消除大学生的逆反心理。

（三）运用心理相容原则的必备条件

1. 教育者与教育对象价值观的接受和认可

心理学中的相似性原理指的是拥有大致相同或者较为相似的观点的人，能够更容易理解，吸引彼此，生活中大多数人喜欢接近有相同观点的人。教师和受教学生如果在信仰或者价值观等方面有较为相似的地方，就会使他们有一种"彼此相像"的感觉，这样，他们在心理上就能理解彼此，易于接受彼此。在这种情况下，教师应主动通过开展各种活动接近学生，让他们自觉地在各种实践活动中形成符合社会需要的思想观念，这样形成的思想观念比空口说教更有效。

2. 教育者应具备良好的人格魅力

与个性品质经济、科技的发展，社会的进步，使得传统意义上的权威受到挑战，教师的知识储备如果不足，会导致失去教育的权威性，学生的信任感。此外，教师不仅应该提升个人的能力素质，还应该提升个人魅力，拥有良好的个人品质。教育者是教育实践的指导者，榜样的示范力量会使教育者像一块磁铁吸引着受教育者，从而引导他们的言行，所以教育工作者要时刻重视自我教育的作用。教育者的道德素质和个人能力应该符合教育工作者的期望。否则，教育效果将大大降低。

（四）实现师生心理相容的路径

1. 教育者要提高自身修养

教育者是大学生树立正确世界观、人生观、价值观和全面健康发展的引导者及保障人，只有做到思想境界高、政治立场稳、道德品质好，才能吸引、感染大学生，使其信服，愿意接受思想政治教育。同时，教育者要具有良好的个性品质和美好的外在形象。若教育者对待学生做到真诚、热情、通情达理、善解人意，外在做到仪态大方、行为举止得体，那么学生自然愿意与教育者交往交流。这时教育者再通过交流给予学生思想启发，丰富其情感，满足其心理需求。除此之外，在进行思想政治教育的时候，教育者有教育主体与教育客体的双重身份，在开展教育的同时接收学生的反馈，根据反馈改进自身不足，不断完善自我，促进教育方式方法和教育内容与时俱进、与生俱进，实现教育者与大学生的心理相容。

2. 建构平等民主师生关系

在开展思想政治教育工作的过程中，教育者要放下高高在上的教师形象，以朋友、亲人的身份出现在大学生面前。只有在师生双方处于一种平等和谐的关系下时，大学生才会感到轻松愉悦，没有心理压力，乐于与教师坦诚地沟通交流，说出心里话。在生活上，教育者要像亲人、长辈一样主动关心大学生，让他们在充满爱意的家庭中成长，使其对教育者产生心理信赖感。在学习上，教育者不仅是教师，还是学生的朋友，要主动帮助大学生，做一个真诚的倾听者，适时给予学生正确的指导，让他们产生心理依赖感，化解对立情绪和逆反心理。

3. 发挥学生的主观能动性

对于思想政治教育工作来说，实践活动是其第二课堂，教育者应该有意识地对实践活动进行组织，并且应该积极参与到其中，通过实践活动，使学生能够领悟理论知识，并对其进行运用，对实际的问题进行探索，并且加以解决，同时实现自我价值，将学生探索真理的欲望激发出来，发挥其主观能动性，使学生积极投入学习，补足自身的短板，全面健康地发展。教育者可以与大学生一起策划、一起讨论，确保实践活动的可行性、安全性、实用性，做到与学生同思、同做、同苦、同乐，形成一个轻松愉悦的教育教学氛围。教育者要让学生放下防备心理，增加与大学生的双向交流互动，潜移默化地传播正能量，发挥自身榜样作用，成为学生成长历程中的带头人和引路人。

五、知行统一原则

思想政治教育教学绝对不是学习文件、学习材料，还有就是从各个有关学科拼凑起来的知识一个集合，它应当有一个自己学科体系。在这个方面，我们优秀传统文化中的教育思想，有丰富的案例，可以好好研究。我们要建设自己思想政治教育教学基本体系，建设我们共产党人自己的理学，建设我们共产党人自己的心学。思想政治教育教学就是理学、心学，当然我这只是借用，不是要复活传统的理学心学，理学就是规律之学，心学就是修养之学，围绕规律之学、修养之学，践行立德树人的职责、根本使命，来完成这个根本任务。知行统一原则就是思想政治教育教学所要追求最终目标。知行统一就是理论与实际相结合，思想政治教育的教学重点就是使学生的思想和行为在实践中达到一致，理论对实践有指导作用，实践是检验理论正确与否的唯一标准，马克思主义的认识论中明确要求我们要用理论联系实际的方法去认识客观事物这既是对客观事物进行正确认识的原则，也是构建任何教学建构都需要遵循的原则。

行动是获得知识的动力，思想政治教育教学作为指导教学实践行动最基本的理论指南，它首先必须是正确的科学的知识，进而又能指导教学行动的正确方向。思想政治教育教学与学生的思想行为密切相关，是培养学生的思想道德素质，使学生更好地认识社会主义主流价值观，形成社会所认同的思想政治观念，并用以指导实践，即教学就是转变或提升学生思想的过程，这一过程只有通过学生认知上的转变和提升才能实现，只有让学生在对正确的思想观念进行了解、学习的基础上，还坚信这一观念的真理性，并用以实践，形成知行统一，才能说达到了教学目的，知而不行，那"知"就失去其意义。对于思想政治教育教学来说，这样的教学就是失败的教学。知是前提，而行是目的，知行统一才能达到用正确的理论指导实践的目的。因此，遵循知性统一原则有助于思想政治教育教学实效性的提高与目标的达成。在研究思想政治教育教学时遵循这一原则可以在研究过程中避免教学中教条化、公式化的倾向，坚持这一原则是正确建构合理的保障，进而使其教学范畴有助于解决知与不知，行与不行的矛盾，而这样的才是科学的范畴。在思想政治教育教学中，要使学生对基本理论的形成、发展的过程有基本的了解。因此，要通过对理论产生的背景进行阐述，从而引领学生感受理论的形成、发展的过程。有了这样一个感同身受的接收过程，才能在获得知识之后有一个与知相一致的行，思想政治教育教学的构建也必须遵循这一知行统一的原则。

第二节 思政课程的教学内涵

培养怎样的学生、如何培养学生是关系到高校教育思想事业发展的核心所在，在现代形势下，落实当前在校大学生思想政治教育的实效性和紧迫性的关键在于抓好以信念理想，以教育为核心，并以其为入手点深刻进行正确的三观引导教育。

一、思想政治教育

思想政治教育是自从阶级社会诞生以来就开始存在的，这是一项关于如何指导人们形成合理思维的科学研究，它以人类思想行为的变化规律为基础，实施思想政治教育的规律是它的研究对象。人思维立场的转变过程及三观的形成对于思想政治教育学科的研究至关重要。对思想政治教育从事者的素养进行研究、探讨思想政治教育怎样渗入到各行业领域中，使得学校、家庭、社会三方面相互促使形成一股合力，从而完成教育目的；人们思想行为活动的规律也是思想政治教育学的研究对象之一，互相制约的、富有周期性的运动，构成了人类思想活动。思想政治教育的实施规律也是思想政治教育学科的研究对象，改变导致需要产生的客观外部条件、研究明白人类的需要更改动机、控制行为的做法，是思想政治教育重点规则之一。不同形式的政治教育在政治方向、政治内容和应用方面存在着差异。从演化过程的角度来看，政治工作、思想工作、思想政治工作、思想政治教育、政治思想工作是密切联系在一起的，因为在实际运用中人们长期将它们当作相同的概念。在党的领导过程中，有相当一段时间内中不同的思想政治教育方法都在被应用，但是在情况不同的时期，教育方法应用的侧重点也是不同的。

而在学术界是没有一个对于思想道德教育的标准定义的。一部分学者认为，思想政治教育重点在于政治，其教育的根本目的是实现社会政治化，这部分人的研究对象重点放在政治思想、政治观念和政治行为修正和培育上；还有人指出，道德是其研究的侧重点，如何增进人的道德品质和道德修养、使其形成高尚的人格，才是思想政治教育的重点；另一部分人认为上述两种和心理、道德方面的教育都属于思想政治教育，该观点就属于较宽泛的定义。

二、高校思想政治教育

习总书记在高等院校思政理论课程教师谈话会议中曾经做出这样的指示："思政理论课程是有效贯彻落实立德树人这一根本要务的重要课程。[①]"习近平总书记的谈话进一步肯定了思政教育无法替代的位置和其重要地位，也为新环境下思政教育的工作指明了科学的方向。思想政治教育属于教育实践活动，而按照一定要求和需要培育符合标准的社会成员的过程叫作教育。总的来看，思想政治教育分为两类，广义和狭义。狭义方面主要指学校内的教育，正确且有计划地培养青年们的思想政治品德、政治素养、政治水准和心理健康，让他们符合所要达到的社会标准，高校为达到此目的展开的一系列思想政治教育活动，这是高校思想政治教育的主体。除了教授学生们专业知识和应用技能外，高等学校的另一个重要任务就是青年学生的思想政治教育。教育至上的观念原本就一直存在于新中国的发展理念中，是各大高校、更是中国共产党以及国家重要的发展指示。教育拥有针对性和指向性的双重特质，所以高校开展的思想政治教育活动是"润物细无声"般提升青年学生内心道德标准政治标准、并最终影响其实

---

① 引自 2020 年 8 月习近平学校思想政治理论课教师座谈会的讲话

际生活选择的重要手段。

大学教育阶段可以说是一个人在受教育过程中最重要的一部分，是青年由学校走向社会、从学生变为社会人的重要准备阶段，是学生社会化的关键期。一个学生从童年入学到进入大学这个过程中，家庭对个人的影响功能明显逐渐减弱，社会对其的作用逐渐显著，但是青年学生又还没有真正进入社会，所以此时能对青年思想人格塑造造成最大作用的就是大学教育，影响青年学生社会发展的关键基地就是高等学校，在高等学校里受到的教育质量如何将体现大学生个体社会化健康发展上。如何培养好社会主义事业的未来建设者和党的优秀接班人、培养德智体美全面发展的优秀青年是高等学校教育的根本任务，大学生的科学文化、政治思想、道德素质直接关系着国家的命运和党的命运，也关系到中国特色社会主义建设事业的未来，关系到全面建成小康社会和实现中华民族伟大复兴目标的成败，因此，狠抓高校思想政治教育迫在眉睫，一定要坚持坚定把如何教育出政治思想良好的学生放在教学工作的要列。

高等学校对青年的思想政治教育往往体现在"德"上。高等学校德育的任务是用马列主义、毛泽东思想和邓小平理论、"三个代表"和中国梦重要思想作为为理论基础，教导青年沿着社会主义方向建立起科学的世界观和良好的人生观，培养优良的思想道德人格，将马克思主义的"三观"作为思想支持，使学生具备成熟的认识世界、改造世界的能力，督促使得所有青年成为具有崇高理想、高尚品德、优良文化、纪律鲜明的社会主义建设后备力量。

在中国，高校思想政治教育有近30年的历史，已经是比较完善的教育工作体系了，注重的就是在道德修养层次对学生的培养，这也是为什么很长一段时间以来，思想政治教育都被称为道德教育。因为处于大学的青年人是最有活力的一个群体，思维尚未定型，具有很强的可塑性，且受教育的程度很高，所以将大学生本身的特点和大学生集体的规律充分利用起来才是思想政治教育得到良好效果的重要保障。"育人为本、德育为先"是教育思想的基石，坚持该思想的同时，我们可以将思想政治教育分为"内化"和"外化"。对于内化教育的理解比较抽象，比如在接受道德准则相关教育的时候，学生在课堂上听完，在生活中主动将接受的道德规范当作了自己行为的指导准则，潜移默化，最终能够做到将学到的东西变成自己性格和行为行事准则的一部分，这样的内化教育就是成功的。而外化教育则显得更加具体了，即将人虚拟的意识具体化、具象化、对象化、客观化，比如高校中举办的演说、组织、社团等生活活动，这些也可以很大程度上对学生产生影响。

新形势下，要把培养学生全面发展和综合实力的提高作为培养目标，核心是德育教育。在教学活动中，要分析研究学生的群体特点，小课堂与大课堂、学校与社会、解决思想问题与解决实际问题、他律与自律、灌输与渗透都要做到两手抓，要有创新精神，因材施教，从而达到最佳教育的目的。随着时代的变革，大学生思想政治教育工作已经融入高校师生们的日常，其所涵盖的内容也在不断深厚。

培养四有新人是高校思想政治教育的根本任务，四有新人主要指的是将当代大学生培养成有理想，有道德，有纪律，有文化的社会独立个体，在充分提升大学生思想政治觉悟的同时，也要对他们进行道德教育。道德教育的展开，有利于增进大学生对社会的了解，进而引导他们更加的拥护社会主义理论体系，在中国共产党的引导下，坚持中国特色社会主义的发展方向。通过思想政治教育的工作推进马克思主义，毛泽东思想，邓小平理论、"三个代表"重要思想，科学发展观以及习近平总书记的不忘初心精神都能够深入大学生的内心促使他们形成正确的人生观和价值观，在科学的精神引导下，严格要求自己形成良好的道德观，坚持以人为本、为人民服务的重要原则是每个公民都应遵守的底线。

在高校思想政治教育过程中已经形成了相对成熟的体系，思想政治在整个教育领域占有十分重要的地位。只有让大学生认识到我国的重要指导思想，才能培养出对社会发展有利的人才。思想政治教育是一个最基础的学科，其他学科的教学也要依托思想政治教育的前提，总的来说就是高校思想政治教育能够使大学生在总体的学习过程中有一个基础的理论认识。马克思主义理论的指导下，开展一系列的教学实践活动，从总体上认识到社会主义的本质。思想政治教育的目的在于实践，而马克思主义理论思想也非常的注重实践。高校思想政治教育在实践中探寻规律和方法，对大学生的政治思想进行正确积极健康的灌输。

三、高校思想政治教育的主要任务

（一）提高广大学生内心的满足感

学生在思想政治教育活动中感受到的主观感觉是满足感，思想政治教育获得感的原动力正是学生的内在需求。详细来说，首先学生具有显著的主观能动性以及自觉挑选性，在学习有关基础理论知识的过程中，他们并不是单纯的复制所学内容，而是在对这些知识进行消化与接受，思政教育要利用社会主义核心价值观来科学指导与引领学生，让他们产生积极向上的情绪，切实帮助广大学生树立坚定正确的理想信念，形成良好的思维模式，进而得到心理上的认同感。其次，由于学生在思政教育中占据主体地位，他们内化的价值理念与思维模式都将体现在其实际行动上，学生不是被动接受知识的客体，而是带有强烈自主意识的主人翁。思政教育要利用丰富多彩的社会实践活动，例如组织学生参加志愿者活动、文化体育活动或是知识竞技比赛等，使其在提高个人能力与实现个人价值的同时得到满足感，切实满足学生的自身需求与全面发展的需要，提高广大学生的幸福感以及归属感。最后，学生之间具有明显的差异性，他们的成长环境、喜好与性格特点等方面有着较大区别，这让学生在情感、素养、认知以及能力等诸多方面都体现出完全不同的倾向。对此，思政教育应充分尊重学生之间的差异性，全面了解学生的潜在能力和兴趣，努力激发他们的自我优势，鼓励并支持学生自由发展，从而提高他们的精神境界，使其自我价值得到真正满足。

详细来说，首先学生具有显著的主观能动性以及自觉挑选性，在学习有关基础理论知识的过程中，他们并不是单纯的复制所学内容，而是在对这些知识进行消化与接受，思政教育要利用社会主义核心价值观来科学指导与引领学生，让他们产生积极向上的情绪，切实帮助广大学生树立坚定正确的理想信念，以便更好地形成良好的思维模式，进而得到心理上的认同感。

其次，由于学生在思政教育中占据主体地位，因此，他们内化的价值理念与思维模式都将体现在其实际行动上，学生不是被动接受知识的客体，而是带有强烈自主意识的主人翁。思政教育要利用丰富多彩的社会实践活动，例如组织学生参加志愿者活动、文化体育活动或是知识竞技比赛等，使其在提高个人能力与实现个人价值的同时得到满足感，切实满足学生的自身需求与全面发展的需要，提高广大学生的幸福感以及归属感。

最后，则是学生之间具有明显的差异性，他们的成长环境、喜好与性格特点等方面有着较大区别，这让学生在情感、素养、认知以及能力等诸多方面都体现出完全不同的倾向。对此，思政教育应充分尊重学生之间的差异性，全面了解学生的潜在能力和兴趣，努力激发他们的自我优势，鼓励并支持学生自由发展，以便提高他们的精神境界，使其自我价值得到真正满足。

（二）教导学生形成正确的三观

习近平总书记一直强调："坚持立德树人，把其作为工作的中心环节"[①]，高校坚持立德树人的主要表现就是要提升大学生的认知和优化能力。高校想要加强思政的建设、回归立德树人，创新教育理念就是最重要的一步，首先一定要转变教师传统的观念，鼓励多样的教育思想。高校的教育对象是大学生，要全面考虑大学生的自主性，鼓励大学生发散思维，让大学生形成独立思考的习惯；其次是要转变大学生被动接受的习惯，坚持全面发展的理念，充分挖掘出大学生的潜能；最后要把中国传统文化与教育结合，充分发挥中国传统文化软实力。除此之外，还可以学习借鉴国外优秀的教育理念，根据我国自身的教育情况，取其精华，去其糟粕，争取创新出符合新时代的大学生的教育理念。在借鉴的过程中，不能忽略我们本土化的特点，我们不是为了复制别人的理念，而是为了创新自己的理念，要结合我国自身情况，找到真正适合中国大学生的思想政治教育方式，积极引导高校学生树立崇高的目标，坚定马克思主义信念的同时追求自己的理想，在党的领导下沿着中国特色社会主义道路坚定向前，为了实现中华民族伟大复兴而共同奋斗。

（三）强调爱国主义，弘扬民族精神

在我国的历史长河中，无论是哪朝哪代必须要拥有的传统美德就是爱

---

① 引自 2016 年 12 月习近平全国高校思想政治会议的讲话

国。爱国思想也是对当代大学生最基本的要求，也是高校思想政治教育的首要目标。大学生作为祖国的未来力量，首先要培养的就是他们对祖国的热爱以及奉献精神，所以思想政治教育要坚持中国共产党领导的思想，以促进中华民族的崛起为核心，依托爱国主义为教育思想，重点将思想政治教育贯穿大学生的学习生涯。国家的发展和进步体现在多个方面，比如说文化经济和政治方面，在思想政治教育过程中，我们也要从这三大方面展开教学，引导大学生认清我国的国情，在健康成长的同时，激励他们为了中华民族的伟大复兴而努力，将来成为社会主义思想的接班人。

（四）以公民道德教育为基础的道德教育

在人格培养的关键期，大学生必须深刻认识中华民族的道德传统，充分认识社会道德建设的基础和原则，遵守公民的基本道德准则，追求崇高的道德品质，积极投身于建设社会主义的伟大事业中去，以服务人民、集体主义、诚实守信为道德准则，培养个人道德和社会公德，将道德实践活动融入日常生活，做到真正融贯于心，成为具有爱岗敬业、自强自尊自爱、热爱祖国、明礼诚信的新时代青年。

（五）以全面发展为目标开展素质教育

重视民主法制教育，教育学生养成遵纪守法的观念，将人文素质教育和科学精神教育放到更重要的地位上，培养学生形成集体主义观念、养成良好的团队合作精神，达到学生思想、道德、文化和健康的全面发展，以素质教育为基础，培养学生成为道德素质高尚、文化能力优秀、遵纪守法的社会主义者。在促进大学生全面发展的过程中，必须高度重视大学生的心理健康教育。现代社会的竞争和发展，使得大学生的心理问题日益突出，必须根据大学生的心理特点开展有针对性的心理疏导，提高大学生的心理调节能力。

（六）增强思政教育实践的互动性

习近平曾明确指出："思想政治教育工作从本质上来讲其实是做人的工作，要始终围绕广大学生、关心学生，并为学生提供优质服务。[①]"思政

---

① 引自 2017 年习近平全国高校思想政治会议的讲话

教育是教师与学生双向互动的过程，彼此应在这一过程中各自扮演好自身的角色。作为教师要向学生提供高质量的教学内容，将基础理论知识进行整理和吸收，让教学内容尽可能靠近学生日常生活，充分运用好课堂教学这一主渠道，努力提高自身的语言艺术，探寻导与学之间的契合点。教师要做好课堂教学的指引者，为学生提供自由谈论的空间，让学生成为课堂的主导者；构建自由探讨的平台，让学生成为课堂的主角，进而达到预期最佳的课堂互动效果。在双方沟通交流时，需要注意彼此身份的平等性，积极融入情感要素，以便推动彼此更深层的交流，在课堂活动中构筑信赖感，达到情感上的认同。

此外，为了更好地开展双方深层次交流，教师应做到实体互动与虚拟互动有效结合，拓展互动形式，加强育人过程中的生活化，让双方在实际参与中体会到愉悦感。而对于学生来说，则应增强自觉性，努力学习和内化马克思主义相关理论知识以及思政基础理论内容，进一步巩固自身理论功底，提高个人认知水平，促进知识素养的不断提升，从而得到知识方面的能力提升。学生积极踊跃地参加教育活动，和教师之间进行良好互动，让教师的供给与学生的需求之间形成强大的协同，这样可以在学习知识、提高精神境界的同时，得到崭新的价值支撑力量，产生全新的获得感。

四、高校思想政治教育的构建功能

（一）构建和完善中国精神气质

思政课教学基本范畴体现了教学理论的基本构架，其教学理论体系建立在教学范畴体系基础之上，教学范畴体系在一定程度上反映了基本教学理论体系的基本框架。只有通过基本范畴这一思维工具进行高度抽象的理性思维得出的一系列基本理论的观点才能构成思政课教学理论体系。而这一理论体系也只有通过范畴这一思维中介才能体现教学过程中产生的种种现象间的内在联系和基本规律。理论体系随着对范畴研究的不断深入，对其内容把握的精确性和科学性而变得逐渐完善。范畴是理论体系构建的前提和基础，其他所有的理论要素都要从范畴中进行推演、拓展而得到，都是隶属于范畴体系的。基本范畴是建立和完善是理论体系的重要一步。丹皮尔指出，新科学的产生都要先从现象和观念中找到最基本的概念。

思政课教学理论体系要有所突破有所创新，就必须加强对其基本范畴及其系统的研究。要有效提升教学质量，就必须要有着发达、成熟的范畴及其体系，完善教学理论体系，指导教学实践，亦即是说，范畴体系的完善度直接影响理论体系的成熟度，构成理论体系的重要标志。思政课教学基本范畴的研究还处于初级阶段，其在广度和深度上仍有很大欠缺，距离精确化、科学化还有很长一段路要走，我们要不断加强教学基本理论体系的研究。理论体系的具体内容是中国精神气质的重要体现。中国精神气质的养成是思政课教学追求的目的之一，这是由我国的社会性质和主义矛盾所决定的。简而言之，基本范畴体系的形成是思政课教学的基本架构的体现及其走向成熟的标志，为构建和完善中国精神气质提供必要条件。

（二）构建社会主义核心价值观

思政课教学过程就是运用马克思主义为指导，培养大学生形成马克思主义的立场、观点等，亦即是培育和弘扬社会主义核心价值观的一个实践过程，这个实践过程毫无疑问需要理论的指导。这一教学基本范畴的构建状况这一教学的发展状况和水平有着密不可分的关系，它是思政课教学的规律的展开和体现，可以通过在对这一规律的学习掌握的基础上更好地发挥师生的主观的能动性，促进学生树立社会主义核心价值观的决心和自觉性，使这一价值观在教学过程中得到更好的培育与弘扬发展。而学生自觉树立这一价值观的成熟度与对思政课教学展开研究的广度和深度息息相关，基本范畴的研究直接影响其理论体系的构建，而学生价值观的形成与其对知识理论的认知、坚信有着重要影响，学生对马克思主义理论的认知和认可度越高，其对社会主义核心价值观的认知也就越高，那价值观的培育和弘扬工作的完成度也就越高。思政课教学改革发展不断开展，其教学实践活动的形式和内容越来越多元化，教学的针对性和实效性的要求不断提高，不同基本范畴在体系中的位置和作用也会相应发生变化，所以高校本科思政课教学理论体系会随着思思政课教学基本范畴的变化和发展，不断变化和丰富，并向着更高层次和水平发展。思政课教学基本范畴的构建方式和教学理论体系的构建方式也是相互影响的。

第三节　思政课程的教学方法

一、疏导教育法

（一）疏导教育法的基本内涵

疏导这个词，从字面上看，我们可以想象到水管发生堵塞需要进行疏通的社会现实。但是在高校思想政治教育过程中疏导一词早有内涵就大不相同了。疏导教育法主要是对人民群众的思想认识进行积极健康的引导，从而提升他们的思想觉悟。对于学生而言，教师运用疏导教育法，能够在课堂中集思广益，提高他们对马克思主义理论体系的认识。疏导教育法在实践过程中主要分为两大方面，第一方面是疏通，疏通的过程就是广开言路的过程。学生们大胆表达自己的思想，发表心中的意见。第二方面是教师根据学生表达的思想，进行健康的引导，引导他们遵循马克思主义理论体系的指导思想。在循序渐进的过程中通过疏导教育法加快思想政治教育的推进步伐。

通过以上概念的归纳我们可以看出，要准确把握疏导教育法的基本内涵要从如下层面入手：一是重视"疏"的作用，疏导教育法是建立在教育双方地位平等、互相交流的基础之上的，即充分发挥了受教育者的自觉主动性，让受教育者讲出心中所想，教育者再根据受教育者具体的问题进行引导，是一种教育主体与教育客体思想、情感互相交流的方法；二是要重视"导"的作用，在教育过程中教育者要发挥主导作用，对受教育者所表达的正确思想观念予以肯定，对于不当和错误的言行进行说服教育，弘扬和宣传正确思想的方法；三是疏导教育法是一种解决人民内部矛盾的方法，应当本着"惩前毖后、治病救人"的原则进行，所以在运用的过程中主要是采取说理教育、真情感化、批评教育和循循善诱等方法进行。由此可见，疏导教育法是由相互联系、相互依存的"疏"和"导"两个方面构成的。没有疏通环节的畅所欲言、广开言路，引导就无法顺利开展；没有引导环节的利导引导、说服教育，疏通也就失去了意义和价值。

（二）疏导教育法的主要方式

疏导教育法是由"疏通"和"引导"两个方面构成的方法体系，"疏通"和"引导"都有其不同的方式。从"疏通"的角度来讲，有集体表达和个别谈话两类方式。集体表达是指针对群体性的问题让一定数量或特定组织的群众集体表达意见或看法，主要有民主讨论、干群对话等形式；个别谈话是指针对某个人的问题让个人充分表达自己的思想和意见，主要有书信表述、个别谈话等形式。从"引导"的角度来讲，以"导"的不同形式为依据能够把疏导教育法分为以下三个方面。

1. 分导

所谓的分导也就是分而导之，是指针对某个群体或个人复杂的思想问题而采取的分散、分步、分头而导的方式。分散而导是指针对某个群体共同存在的思想问题，通过逐个分散引导，对群体中每个成员在思想上存在的问题加以解决，以切断群体内的不良思想串联蔓延的方式，从而将复杂的群体问题化整为零、逐个击破，最终解决群体问题的方法；分步而导是针对个体思想问题而言的，导致个人错误行为的思想是多方面的，教育者要分清主次、分清轻重缓急，要抓住主要矛盾的主要方面，充分挖掘受教育者问题产生的根源，按照一定的顺序有步骤地进行解决；分头而导是指教育者集中各种人力物力，对集中而严重的思想问题进行全方位引导的方法，要整合各种教育资源、利用有利环境对受教育者进行帮助教育，以化解受教者的情绪，解决思想的问题。

2. 利导

所谓的利导也就是因势而导，是指教育者要善于抓住有利的时机和环境，对受教育者进行有针对性的、深层次的教育，通过及时的、生动的教育使受教育者真正理解并接受正确、积极的思想。有利的时机可以是正在发生的大事，如建国周年时，可以组织学生集体收看阅兵式，使青年学生通过对我国强大的军队和国防力量的直观了解，感受到伟大祖国的强大，深刻体会新中国成立以来党带领全国各族人民进行社会主义现代化建设的伟大成就，从而使学生自觉产生爱党爱国的热情，达到教育的目的；教育者也可以抓住某些重大的事件和节日组织开展相关教育活动，如在三月的学雷锋活动月开展的各类志愿服务活动，组织青年学生通过志愿服务的实践，深刻体会到奉献社会、助人为乐的价值，从而引导青年学生积极践行雷锋精神，内化为自身的品德、外化为良好的行为，推动教育对象"知、情、信、意、行"的转化，最终形成良好的思想品德。

3. 引导

所谓的引导也就是启发诱导，是指教育者运用"提出问题——分析问题——展开讨论——统一思想"的思路，引导受教育者积极运用头脑进行思考，并通过思想碰撞和比较分析是受教育者学会透过表面现象探究事物内在的必然的联系；通过对事件正反两方面的解析使教育对象学会用全面的观点来看问题，能够在面对诱惑时保持谨慎，面对挫折时勇往直前；通过开导受教育者改变原来狭隘短浅的认识，学会在看待问题的时候使用全面的、发展的、联系的观点，来开启受教育者的视野、拓展其思维；通过用已知的事实作为依据，使受教育者认识到不良思想导致的严重后果，以达到放弃原有的错误想法、从而走向正确思想轨道的目的。

（三）疏导教育法的基本特征

1. 重视民主平等

这是疏导教育法运用的前提和基础，也是其首要特征。民主平等首先是指在进行教育的时候，教育者与受教育者的地位是平等的，双方以平等的身份进行交流，受教育者有表达意愿和想法的权利；其次是指教育双方要进行互动，对于某特定的问题，教育双方都发表见解，对方要认真聆听并进行讨论，并就其不明白的地方进行提问、就其不同意的内容进行反驳，是一种朋友式、兄弟式的探讨；再次，教育者也要对受教育者正确地思想进行肯定，对其错误的思想进行批评纠正，是一个互相交流、互相探讨、互相提高的过程，摒弃了教育者居高临下的一味灌输，不给受教育者任何表达想法的权利的传统方式。

2. 强调主体间性

主体间性是主体间关系的规定性，指主体与主体之间的相关性、统一性、调节性。主体间性是两个或两个以上主体的内在相关性，它的基础是个人的主体性。疏导教育法的主体间性体现在教育主客体之间是相互影响、相互转换的关系。受教育者的主体性体现在可以充分平等地表达自己的意愿和问题，并对教育者的理论有辩论和选择的权利，教育者的主体性体现在对教育活动的组织和设计上，以及对教育对象正确思想的弘扬和错误思想的纠正过程中；教育主客体之间的互相转换体现在教育双方是一种交融性的存在，是一种"主体—主体"的思维模式，即是一种教学相长、青蓝互滋的和谐状态。

3. 注重人文关怀

这是疏导教育法的情感延伸，也是疏导教育法有效性的重要基础。疏导教育法要求教育者认真倾听教育对象的思想和意见，当然也包括情感层面的问题，并且要求教育者将情感内容作为核心话题与教育对象进行交流探讨，在帮助教育对象的过程中不仅是理性内容的灌输，更重要的是情感问题的疏通，只有疏通了情感才能使教育对象以良好的风貌和积极的心态来接受正确的思想。教育者要真正将教育对象当成自己的家人、兄弟和朋友，真正地关心他们、关注他们的实际问题、关注他们的发展；疏导教育法要求教育者肯定人的个性与价值，尊重并关心教育对象选择的权利，维护并支持教育对象的个性发展。

4. 突出强针对性

这是疏导教育法取得实效的基石。疏导教育法要求教育者在认真倾听教育对象具体问题的基础上进行分析辨别、归纳总结。要针对不同教育对象的不同问题采取不同的方法，具体并且实际地为解决教育对象存在的问题提供帮助；对教育对象的合理诉求应该积极地进行反映，搭建好沟通的桥梁；要善于借助各种环境、充分运用各种人力物力条件形成教育合力，帮助教育对象解决大的问题；要借助具体的典型、理想或价值给受教育者以直观的感受和刺激，使受教育者明辨是非、明确努力进步的方向，要关注受教育者个人的要求，帮助教育对象解决与自身成长和发展相关的实际问题，最终使教育对象真正得到帮助。

（四）运用疏导教育法的必要性

从疏导教育法的定义出发，就会发现与一般的思想政治教育的方法最大的不同在于疏导教育法强调对学生的分导、利导与引导，这是强调师生思想互动与交流碰撞的过程,而绝非是一种单方面、单向度的灌输。这种方法是符合学生以及社会发展的需要的。

第一,疏导教育法重视民主平等,符合师生关系的内核。民主平等指的是教育过程中,双方的地位是平等的,双方都能够平等地表达自己的想法并对这些想法进行充分的交流与互动,同时对于某特定的问题,双方都必须要都发表见解,而不是教师占绝对的主导地位。在高校以人为本,立德树人的大的教育背景之下,疏导法的这一点恰恰契合了当今学校想要构建的一种师生关系。给学生充分的权利表达自身的思想情感,摒弃了教育者居高临下灌输的这种做法。

第二,疏导法强调针对不同的学生采取不同的教育方法为解决受教育者的实际问题提供帮助,这种方法的针对性更强并且能够发挥更大的作用。疏导教育法要求教育者必须要认真倾听受教育者思想上的问题与困惑,并且在此基础上对问题进行总结梳理,帮助学生完成自身的成长。整个过程中,都十分注重受教育者自身的看法与感受。教育中,每一个个体都是与众不同的,只有建立在对学生本身个性的了解的基础上,才可以为解决学生思想方面存在的困惑提供帮助,并且与教育的基本规律相符合。也能够更高效更有针对性地对学生进行教育。

第三,疏导教育法在高校中有很大的适用性,使用起来非常广泛。疏导教育法是随着我党的思想教育的创立而产生的。可以说,疏导教育法与思想政治教育是相辅相成、骨肉相连的。运用到高校中,疏导教育法对正处于思想价值观形成关键期的大学生来说,强调对学生本身状况的关注,具有很好的适用性且易于操作因此在高校当中运用得非常广泛。思想教育工作者常常在不知不觉中使用疏导教育法对学生进行劝导,无论是专业课还是思想政治教育课,教师一般会在与学生进行交流的时候疏导整理学生的思想,与学生交流沟通。但这大部分都是在一中无意识的自主情况下使用的,而缺乏具体的训练。也常常导致很多问题的产生。

(五)发展疏导教育法的措施

1. 营造民主的制度氛围

随着我国社会主义制度的不断完善和社会经济的不断发展,我国传统的等级观念逐步被打破,在客观上也为疏导教育中教师与学生以平等的身份参与到疏导教育法中提供了有利的条件。要营造民主的制度氛围应该做到以下两点。

首先，教师在面对教育对象的时候，应该始终保持平等的态度，尊重他们的权益，让学生自我教育的积极作用得到充足的发挥。让学生能够更加积极主动地接受教育。在平等民主的氛围下，学生充分暴露自己的思想问题，提出自己的困惑，教师才能更好地解决学生的问题。学生将所学习到的思想、观念、规范纳入自己的意识体系，成为自己意识体系有机组成部分才是真正被学生所接受的。

其次，在教师与学生之间建立平等对话双向沟通的机制。例如，建立网站，教师轮班在线，当学生遇到问题的时候，不管是什么时候或者处在什么地点都能与教师进行交流。设立学院短信提醒服务，每周给学生发送温馨的贴士，对学生的生活与学习起到关心的作用。公开书记和校长的邮箱，让学生可以畅谈自己遇到的问题。通过机制的建立，教师要清楚、完整地了解到学生的问题所在，把学生的错误思想拉到正轨上。平等机制的建立不仅需要教师和学生的合作，更是一种信任，所以我们要激发学生的积极性，让教师与学生共同探索民主氛围营造的方法，这样也更能符合学生的心意，更容易被学生接受。最后，鼓励和支持学生有组织、合理地表达诉求。疏导就是要广开言路、集思广益，要广开言路，就必须创造条件，让学生把各种意见讲出来。学生可以通过广播、微博等合理地表达自己的诉求，尤其是大部分学生都共同反应的诉求，学校应该积极地与学生进行沟通。

2. 创造利于疏导教育法的条件

疏导教育法的顺利开展需要一定的物质基础，学校要为疏导教育法的开展提供良好的场所、给思想政治教育课程提供合理的课程安排，为思想政治教育课提供新兴的技术和设备。首先，学校需要为疏导教育法的运用提供固定的场所和固定的时间，方便师生间的交流与融合，学校也要为疏导教育法的运用提供不固定的场所和时间，对于一些突发的问题，矛盾尖锐的亟待解决的问题能够灵活地处理。其次，学校需要为疏导教育法的运用安排相应的课程。每一个方法都有自己的理论知识，有自己的专门概念、范畴和术语，因此在操作方法之前需要对理论进行学习，了解疏导教育法的概念、表现方式、形成原因等等。在对基本的疏导教育法有了了解后，教育者应更加深入地研究疏导教育理论，组成课题小组，在理论成功的前提下，加以实践，从而推进疏导教育的发展。学校要为疏导教育法的运用提供新的技术和设备。如今，几乎没有学生不接触电视、网络的，所有的学生都不能离开它们，有甚者已经对它们产生了以来，与各种传播媒介"为伴"已经成为学生生活与学习的不可缺少的方式。学校就是要利用现代学生的这种特点，顺应学生的爱好，在学生的爱好和习惯中贯彻疏导教育。

3. 创新疏导教育法的方式和载体

教育者需要对自己在实践中形成的疏导教育方式进行及时总结，提高对疏导教育的理解，有效地运用疏导教育法。教育者可以加强疏导教育知识和心理学知识的结合，了解高校学生的心理特点，从而跟学生进行更加有效的交流。教育者可以用马克思主义理论教育学生具有高尚的思想道德情操，积极乐观的态度，革命探索的精神。教育者可以加强网络技术的运用，从而扩大疏导教育的应用平台，拓宽疏导教育的应用范围。随着社会经济的发展，传统的书信、面谈，在教育中发挥的作用越来越受到限制，学生也不愿意接触，教育者应该在疏导教育法中加强对于新科技的应用，包括建立局域网络、开通教师问答专线、手机短信温馨提醒等新科技手段。

二、榜样教育方法

（一）榜样教育法的定义

榜样教育法是指树立先进典型，以先进人物的先进思想与事迹为榜样，对人们进行教育，提高人们的思想认识、道德素质和政治觉悟的一种方法。在德育教育中，榜样教育法能够发挥巨大的作用，具有示范性、生动性和激励性等特征。教育者要想自己的教育获得更好的结果，就必须要对上述特征有充分了解，将受教育者本身的积极性激发出来，并且对受教育者的潜能进行挖掘。在恰当的时间采用适度的榜样教育法，对于教育者的个性发展与个人素质的提高可以起到促进的作用。但是，如果过度地使用榜样教育法就会导致受教育者产生心理疲劳，产生的效果与预期的效果相反，有任何价值可言。传统思想政治教育采取的大多数都是社会化的育人模式，只重视为经济的发展提供服务，但是却对个体发展的诉求熟视无睹。所以，要想让个体身心发展的需要得到满足，对人文理念进行完善，以此让受教育者的综合素养得到提升是必不可少的。

（二）榜样教育法运用存在的问题

1. 部分大学生对榜样的认可度偏低

对统一榜样的认可度，大学生群体远远低于其他阶段学生。各种不良社会思潮的泛滥导致部分大学生对榜样有着严重的认知误区，对榜样的认可度不高。部分理论知识不扎实、道德素质不高的大学生很容易受外界不良舆论的影响，对榜样产生不正确的认识和评价。

2. 思政课程不够重视榜样教育法的运用

（1）不重视运用榜样教育法

部分思政课中采取单一灌输教育模式，忽视榜样教育法的运用。时代在发展，大学生的思维方式也会因此而产生变化。有些高校运用的仍然是过场式"听课"的思政课堂，教师讲课，学生听讲，教师与学生之间缺少交流，课堂也几乎没有互动。极少数的教师在思政课堂中运用的仍然是单一的"填鸭式"灌输教育，做不到多种教育方法的综合运用。就算是使用了榜样教育法，其目的也只是为了让课程更加完整，在向学生传达榜样精神的时候，只会采用口头讲述的方式。

（2）部分思政教师做不到以身作则

榜样教育法在思政课中的运用在很大程度上体现为教育者自身对大学生的榜样教育，教育者的一言一行都会对学生产生重要的影响。在进行实际教学的时候，少数思政教师作为思想教育者，不能给大学生灌输积极向上的思想观念和道德价值观，在课堂上随意发表消极不当的言论。甚至还有极个别教育者做出违背道德、触犯法律的行为，更是对大学生造成严重的负面影响。思政教师不能发挥模范带头作用，这是榜样教育法在思政课堂上失效的重要表现。

3. 大学生难以做到榜样精神的知行合一

榜样精神难以落实到具体的榜样行为的一个重要的表现就是，大学生并非不想而是不能完成自己的知行转化。很多大学生表示，每次听完榜样教育的讲座或者观看完榜样人物纪录片都会深受触动，精神受到鼓舞。然而，受教育者在接受和认可榜样精神之后也无法实现百分百的行动落实。要么是因为对榜样精神的感慨难以长时间持续，还没等去做那股热情就没了；要么是因为榜样实在离自己生活太遥远，找不到方式去落实。现实情况下，榜样教育活动很难落实到某一具体部门，也就很难有常规性、标准化的实践活动，也难以进行持续的跟踪和监督。众多原因都导致大学生没有将实践榜样精神看作是一个必须完成的环节，不能及时或者长久地实现榜样精神的知行转化。

（三）强化榜样教育法运用的途径

1. 发挥大学生自我教育的作用

学校要净化校园网络环境，营造健康的网络学习榜样氛围。随着科技的快速发展，互联网已经全方位渗透到大学生的日常生活当中。大学生身处的校园环境不仅包括实体的校园环境，还包括虚拟的网络校园环境。目前，各大高校几乎都有内部的网络共享平台，比如官方网站、微博、微信公众号等。互联网传播的广泛性、快速性、盲目性等特点都对校园网络环境的健康度产生一定影响。学校要充分发挥互联网的积极作用，利用网络宣传正面典型的积极影响。

（1）提升对榜样的认同

首先，大学生要加深对榜样的深层认知。一方面，大学生要关注不同类型、不同层次的榜样群体，不同类型层次的榜样闪耀着不同色彩的光芒。除了要学习和了解与自身联系密切的榜样群体，大学生也要加深对其他层次榜样的了解，接受多种榜样精神的熏陶，促进自身的全面发展。另一方面，大学生要通过多种途径全面、完整地认识榜样。媒体对榜样的宣传和报道往往是弘扬其主要的精神品质，大学生要深入挖掘榜样事迹和榜样行为，要不断提高判断是非的意识和能力，避免因为认知的片面性而产生对榜样的误解和扭曲。

其次，大学生要提升对榜样的认可。党和国家对榜样进行评选和表彰，是由于其对国家和人民做出了巨大的贡献。社会对榜样精神进行宣传和弘扬是因为其代表了社会主义核心价值观，代表了社会主流价值方向。

榜样模范人物计利国家、无私奉献、艰苦奋斗，推动了国家的富强和民族的振兴，是时代的楷模。大学生群体要对做出巨大贡献的人们给予鲜花和掌声，坚决反对攻击和侮辱。青年大学生要自觉避免不良文化思潮的影响，坚定社会主义理想信念，加强对榜样人物和榜样精神的认可度。

（2）用行动践行榜样精神

习近平指出："广大青年要把正确的道德认知、自觉的道德养成、积极的道德实践结合起来，自觉树立和践行社会主义核心价值观，带头倡导良好社会风气。[①]"对于总书记的嘱托，大学生应该牢牢记住，脚踏实地学榜样，诚诚恳恳做实事。

一方面，大学生要积极参与校内榜样教育实践活动。高校是榜样教育的主阵地，也是大学生成长和发展的主要平台。大学生要积极响应学校的号召，用行动支持榜样的宣传教育活动。积极参加校内榜样的评选和选拔活动，促进榜样选拔机制的民主性和透明化，发扬自身的主体性作用。支持和协助学校组织的榜样宣传活动，了解榜样事迹，学习榜样精神。尤其是党员学生干部要充分发挥示范引导作用，在学习生活中坚定理想信念，关心其他学生的生活与学习，并且在他们遇到困难的时候，为其提供帮助，成长为道德与品质都优秀并且乐于助人的学生榜样。

另一方面，大学生要乐于参加社会上的榜样实践活动，自觉在生活中发扬榜样精神。大学生不仅成长在高校环境中，更扎根于社会大环境中，是社会的一员。要积极响应国家号召，参与学榜样的社会活动。积极响应国家政策，敢于到基层服务国家和人民，敢于在艰苦的环境中彰显自己的价值，大学生只有在奉献社会中才能真正实现自己的个人价值。

2. 形成尊重和学习榜样的环境

（1）家庭教育父母要做好榜样

家庭教育要注重家教。模仿是人的天性，榜样教育法更是依据人的模仿心理。家庭教育中父母要做好孩子的表率，担负起教育孩子的重任。上行下效，父母遵纪守法，孩子便不会罔顾法律；父母勤俭持家，孩子便不会铺张浪费；父母知书达礼，孩子也会文明礼貌。父母应该用实际行动对孩子进行教育，让其能够践行社会主义核心价值观，并且引导他们热爱祖

---

① 引自2019年4月习近平纪念五四运动100周年大会的讲话

国、热爱人民,传播优秀中华民族传统美德。

(2)营造浓厚的校园榜样教育环境

学校榜样教育宣传要常态化、多样化。榜样教育法在高校思想政治教育中的运用应该在日常的校园活动中就有所体现,而不是仅仅体现在思政课程上。榜样教育的各个环节应当在高校活动当中常规化。组织学生参与榜样的选树和宣传既可以营造良好的氛围,又可以增强大学生对榜样的心理认同感和崇拜感。常态化的学习宣传榜样活动可以降低榜样教育的政治性和官方性,成为大学生自己的实践活动。榜样教育活动要打破传统自上而下的宣传模式,发挥大学生的主动性和积极性。学校还要支持思政课堂实践活动、学生会社团的课外活动,鼓励实践教学。

(3)政府要健全学习榜样的激励机制

政府首先要做好榜样正当权益的保障机制。榜样人物最基本的权益必须受到社会和群众的尊重和维护,这也是对榜样最基本的尊敬。政府要做好榜样人物的权益保障,从制度上保护榜样的正当权利,从根本上给社会大众一剂"定心药"。政府还要做好榜样行为的奖励机制,心理学家班杜拉提出的"替代强化理论"为榜样奖励机制提供了重要的理论支撑。该理论认为,模仿者会因为看到榜样受强化而受到强化。如果学习者看到榜样主体因为榜样行为而受到表彰或奖励,那么他就认为自己也会得到奖励;如果看到榜样主体因为榜样行为而受到损害,那么就会认为自己也会受到损害。政府给予榜样行为的鼓励和奖励会成为一种积极的诱因,增加社会其他成员学习榜样行为的频率。

三、言教与身教结合方法

(一)思想政治教育的言教

亚里士多德曾说:"品质的选择既离不开理智和思考,也离不开伦理品质,因为不论是好行为还是坏行为,都是思考和习惯结合的产物。[①]"而个体所接触或接受的理论、观点以及社会所提倡的价值标准无疑对"思

---

① 亚里士多德. 尼各马科伦理学 [M]. 北京:中国人民大学出版社,2003 (12).

考"的内容以及"思考"的结果产生着重要影响。也就是说,他人及社会中的各种言教对个体采取某种行为前的"思考"有着重要影响。言教不是简单地说说话、写写字,教育者的言教必须讲究艺术。在学校教育中,有很多为人师表的教师对工作尽心尽职,对学生关怀备至,可是却不是十分重视对科学的教育方法进行探寻,对学生的接受心理的研究与观察不是很重视,对于"单向灌输"十分的痴迷,对"精诚所至,金石为开"的古训的了解存在错误,总喜欢了无休止的空洞说教、絮絮叨叨的机械重复,往往会造成相反的结果,得不到预期的教学效果,最后"苦口"欲碎,"婆心"见违,但是受教育者却对其传授的内容毫无兴趣,置若罔闻。

(二) 思想政治教育的身教

俗话说桃李不言,下自成蹊。教育者的言教固然重要,但它与身教这两者之间并不是不分伯仲,而是身教重于言教,其主要的原因是对真理进行宣传的人能够对真理执行到什么程度,能够对人们对真理的相信程度起到决定性作用。榜样之所以能成为教育者德育方法的精髓,主要在于道德最深刻的本质,即社会契约。道德是社会建立或认可的关于每个人应该如何行为的社会契约,它是对每个人的行为的规范和约束,是对每个人的自由和欲望的一种压抑和威慑。古希腊伟大的哲学家柏拉图认为人的灵魂里面有一个较好的部分和一个较坏的部分。而且"美德是一种,邪恶却无数。"所以,在人的灵魂中,占据比例最大的"欲望"必须接受"理智"的领导,这样才能实现人的正义。思想政治教育中倘若教育者能够身先士卒地践行道德规范,那么受教育者非常容易在情感上与之产生共鸣,道德升华欲望和想成为有德的人的意识也会得到加强,从而克服其他相互矛盾的感觉和欲望,从而触发遵守道德的实际行为,甚至有意识地修行多年,成为一个有德行的人。

教师的"尊严"其实就是在自己言谈举止、所作所为,被同学们充分肯定的基础上树立起来的;在坚持真理,改正错误中树立起来的。一个没有学识的教师,学生轻视他,而一个品德不好的教师,学生鄙视他。在现实中,有个别教育者通常在面对受教育者的时候,以社会公认的、先进的做人规范来教导他们,而在自己的日常工作和生活中,则以自己所信奉或具有的做人规范做人,导致两重人格的形成。这是表里不一的表现,不仅难以让受教育者听其言，信其道，更会引起受教育者的反感。教育者应该要切记自己的每一个举动都是一面镜子，要想自己的"说"具有力量，一定要"做"得好，只有行为是正当的，其言语才能够具有说服力。行为超过了语言，语言才能做到掷地有声。当然，教育者的身教并不是要教育者逐个躬行自己的"所言"，而是，自己的"所行"必须符合自己的"所言"，只有语言与行为相一致，人们才有可能真正地对你感到信服。

（三）言教与身教的关系

身教虽然重于言教，可是这并不意味着就可以不重视言教了。思想政治教育是做人的思想的工作，当受教育者出现各种各样的思想问题时，此时，教育者必须先以言教为主要方式对其思想进行疏导和开通，使之晓之以理，克服心理障碍。所谓"人言可畏""三人成虎"也充分说明了"言"的重要性。言教与身教两者之间既有区别又有联系，是辩证统一的关系。

二者之间的区别主要体现在几个方面，首先从字面上就能看到言教和身教的含义不同，这两种不同的思想教育手段。其次在实际的教育过程中也是有很大区别的，言教主要以语言表达的方式为主，依赖的大多都是理论知识，也可以说是真理的力量。在言教的过程中，一定要把握好思想政治教育的内容，要求不仅要符合大纲的规定，还要符合教学实际，对客观的事物和人做出客观的分析和认识，让学生通过语言的表达了解到思想政治理论。而身教主要依托的是教育者自身的魅力，也可以说是人格影响力。使用身教这一教学方法，就要求教育工作者一定要成为学生心中的榜样，在实际的教学过程中，以自身的实践和经历作为教学标杆，提倡自身的道德观念。而且无论是在课堂教学中还是生活中，都要严格要求自己的行为，通过自身的示范为学生树立榜样。

同样二者之间也存在一些统一表现。其中最明显的表现就是身教的教学方式离不开言教。因为即便是教育工作者成为学生的榜样，在教育的过程中也离不开语言的表达，很多优秀的道德品质和政治思想是需要通过语言表达来进行传递和引导的。同样的道理，言教也离不开身教。对于擅长使用言教的教育工作者而言，进行任何形式的教育实践过程中，学生都会参考教师的品德以及无论是什么样的情况，教师总会自然而然地成为学生的榜样。对于身教来说言教是对他的一种表达，通过语言体现教育工作者自身的优秀品质以及思想觉悟。而对于言教来说，身教是对自己的严格要求以及实践行动，更像是一种无时无刻不在的命令。

俗话说"运用之妙存乎于心"，掌握科学的方法对提高效果、达成目标，起着至关重要的作用。言教与身教作为思想政治教育的重要方法，如果能够运用得好，可以实现预期目标，提高受教育者的道德水平，如果运用得不好，不仅难以实现其目标，而且还会适得其反，产生负面作用和消极后果。所以教育者不仅仅应该做到言之有理，而且应该做到反躬自身，身体力行。在思想政治教育中也是同样，每一个受教育者对教育者也是要听其言，观其行的，只有教育者自己首先做到言行合一，受教育者才会信其言，从其道，内化各种优良道德，做一个有美德的人。

（四）言教与身教有效结合的途径

思想教育工作者要做到言教与身教有效结合，必须做到以下两点：

首先，必须努力使自己成为学习和实践马克思主义、宣传和贯彻党的路线方针政策的模范。努力学习党的路线、方针以及政策，对要其进行宣传，并且要对其身体力行，是思想教育者党性原则的表现，也是一项基本的工作职责。所以，教育者必须处处为群众利益着想，时刻保持与人民群众的血肉联系，同任何破坏党的路线方针政策的行为做斗争，同时，还要用党的路线方针政策教育群众，使之变为群众的自觉行动。

其次，思想教育工作者还必须严以律己，在社会生活的各个方面起表率作用。作为党员领导干部和思想教育工作者，必须要牢牢树立为人民服务的根本宗旨，牢固树立正确的人生观、世界观、价值观，坚定理想信念，做对党忠诚、让人民信服的言行一致且高尚的"榜样"。榜样的力量是无穷的，党的干部和思想教育工作者以身作则，对实现党风和整个社会的好转具有决定的意义。如果我们的干部和思想教育工作者在生产、工作、学习中处处当模范，事事作表率，这就是无声的命令，群众就会跟着学，就会带出好的风气。所以，不论是端正党风也好，进行思想教育也好，领导干部和思想教育工作者都必须以身作则，成为群众的表率。身教在先，言教才会更具有信服力，言教与身教有效结合才更能达到预期的教育效果。

四、坚持学术性与政治性相结合

科技是第一生产力，科学研究是时代赋予高校的主要职能之一，本质上是合目的性和合规律性的内在统一体。科学研究在为了探索事物的客观规律的过程中，既产出学术性成果，同时也起着培养人才的作用，依托科研活动对大学生进行思想政治教育有助于培养学生开拓进取的创新精神、求真务实的诚信品质和报效祖国的至诚之心。在高校全方位思政体系中坚持学术性与政治性相结合挖掘科研育人功能，首先，要营造风清气朗的科研环境，保证学术生态的健康发展。高校不仅要构建科学研究管理机制，对科研前期的申报等基本步骤与程序进行精简和优化，减少外部干预，鼓励创新成果研发，推动科研资源的公平、合理分配，而且要制定具有可行性、针对性的科研成果评价标准，把科研评价标准放在对科研成果的"质"上，建立科研诚信档案，将其作为职称评定、人才流动晋升时的硬性参考标准，对学术不端行为进行严惩。其次，要加强科研人员的政治修养，确保高校科研的社会主义属性。"国之所需，科研所向"，在国家发展的关键时期一批"黄大年"式的科研工作者积极投入祖国建设，要大力弘扬榜样事迹，培植科研工作者的爱国主义情怀，自觉将个人发展和与国家、民族的前途命运相联系，在前沿难题、关键技术的攻克、突破中，以解决国家需要，满足人民需求为首要前提，在科研中体现社会主义属性。

以文化人、以文育人是抵御西方意识形态渗透的必然选择。把中国特色社会主义文化作为重要的教育要素和教学资源，感染学生、贴近学生，引起大学生对于文化精神的共鸣，是提升高校思想政治教育工作的亲和力和感染力的有力举措。营造文化育人氛围可以加强大学生对中国传统优秀文化、革命文化和社会主义先进文化的认同，树立文化自信，培养文化自觉，成为高校全方位思政育人体系的力量源泉、精神滋养。打造高校全方位思政育人体系，要求坚持显性教育与隐性教育相结合打通文化育人脉络，首先，要利用显性文化资源，优化校园环境。不仅在校园雕塑、园林设计等实体资源的设计和建设中，融入中国特色社会主义传统文化元素，活化传统文化意蕴，在本校图书馆、校史馆或宣传栏设立文化角、张贴海报等，结合本校校史、荣誉校友的真实事迹对学生进行熏陶，而且要充分发挥地方优势，建立红色文化教育基地，深化校地合作，以当地革命遗迹、博物馆为依托，鼓励学生在实景中感受文化激荡。其次，要激活隐性文化资源，培植校园精神。一个学校的校训、校歌体现着该校的办学特色和历史使命，积极引导学生自觉参与融入校训、校歌的编写，有助于塑造学校师生的向上、求知、求进的精神面貌。同时，定期聘请国学专家、革命前辈开展主题讲座，在节庆纪念日时段开展形式多样的文化活动，在潜移默化中输出思政教育内容。

五、坚持结合实践，抓好第二课堂

所谓第二课堂指的是高校在专业课程之外的知识补充类课堂活动，形式多样化，以实践活动为主，例如创新课题研究、兴趣活动主题创作、知识竞猜、社会调研等均属于第二课堂的范畴之内。中国人民大学成立博士生服务团、研究生支教团，组织学生深入延安等革命老区开展实地考察，创立了"千人百村"等品牌调研项目，不断在实践锻造中推动第二课堂地建设。实践是认识的来源，也是认识发展的最终归宿，始终坚持将理论教学与实践活动相结合的路径，发挥第二课堂建设的应用价值，是高校全方位思政育人体系构建的必要基础。首先，在高校全方位思政育人体系的第二课堂建设中，不能忽视思政课程理论知识的传输。要把思政专业理论知识贯穿于第二课堂的运行、升级始终，在指导第二课堂建设的同时引导学生在实践中检验所学理论成果的真伪，帮助学生将感性体验提炼升华为理性观念。其次，在高校全方位思政育人体系的第二课堂建设中，针对不同性质、不同类别的实践活动，要由教师进行指导，分类提出具体要求，并提供一定的物质条件支持，以实效性为标的推动大学生思想认识到技能应用的转化。在对不同类别的实践资源进行整合开发与项目管理的同时，还要注重对实践活动的内容进行创新与丰富，对实践活动的开展形式进行改革与调整，并且要大力推进产学研相结合，创建实践活动的开展平台，加大对社会实践活动的支持力度。让学生在亲身体验和接近社会的过程中全面提升实践动手操作的能力水平，从内心真正生成感悟，树立浓烈的、真挚的家国情怀。

六、线上线下结合，利用网络新媒体

利用高校在思政育人体系建设中的育人载体作用，要坚持线上与线下教育相结合的方式，充分发挥网络新媒体在当代大学生思想政治工作方面的育人功能。北京大学将育人阵地延伸到网络进行了充分探索，为实现价值传承和行为塑造的目标——培育"网络新青年"，在师生共建中打造了未名 BBS、P 大树洞等品牌化交流平台。互联网对当代大学生所产生的影响具有双面性，从有利的一面来看，互联网以其速度快、及时达的特点为大学生的学习、生活提供了便利，开拓了学生的视野，也为思政育人工作提供了平台；从有弊的一面看，大学生的人格尚未健全，缺乏社会经验，辨别能力较弱，互联网环境的信息海洋中掺杂的大量的无用、负面的信息，可能会对大学生思想观念的塑造和培育产生误导，不利于主流意识形态的养成。因此，高校在思政育人体系的创建过程中需要扬长避短，充分发挥出互联网的优势，合理开发互联网资源，顺应新媒体时代下的育人发展趋势，打造线上线下的协同教育机制。这不仅能够提升高校思政育人机制的全面性与连续性，同时也更加符合当代大学生的心理需求和期待。全面建成全方位思政育人体系，高校要深化网络教育，注重校园网络文化的建设，搭建网络教育公共平台，利用网络渠道进行思政育人资源的收集与检索，丰富育人内容，净化网络空间内容，建立起一支专门化、职业化的网络育人的工作队伍。例如，高校可以通过微信、微博、QQ 等社交媒体网站建立与学生近距离沟通的渠道和平台，关注学生的思想动态变化，为学生成长过程中所出现的思想困惑提供指导和帮助；通过互联网渠道进行授课，方便大学生利用自己的碎片时间进行阅读；制作影像和音像、动态和静态相结合的教学素材，使原本抽象化的理论知识转化为立体化、动态化的生动模式，深化学生的记忆和印象。此外，要注重线上与线下的协同与配合，以线下为主，以线上为辅，在不同的场合中、不同的主题下加以应用，将"键对键"作为"面对面"的有力补充，以起到事半功倍的效果，增强高校全方位思政育人体系的灵活性。

七、德治法治相结合，严格管理育人方法

管理育人是指高校在规章制度、群体公约体系层面对大学生行为习惯进行管控，以实现对大学生思想政治教育工作的基础保障。重庆大学制定了《管理育人体系建设方案》，由校领导牵头，带领各职能部门积极承担管理责任，坚持以完善的制度育人、以优秀的队伍育人、以良好的氛围育人的理念，力求真正把管理转变成为润物无声的教育工作，实现育人目标。近年来中国特色社会主义治理体系进程持续深化，而其中的显著特点之一，便是依法治国与以德治国两者的有机结合。法治的优势和特点集中在强制性、明确性、规范性、普遍性以及平等性方面，但是法治的不足之处在于，法律法规的出台与修订带有滞后性。德治的优势中体现在调节性、广泛性、内在性等方面，但是其不足之处在于强制性和规范性薄弱、评价标准的多元主观性强。坚持德治与法治相结合可以实现两者的优势互补，不断提升我国的治理能力和治理水平，这也为高校全方位思政育人管理体系的生成提供了逻辑前提。在高校全方位思政育人体系的构建中，既要进行制度化的管理，对大学的章程、规范、制度、校规校纪等规定进行健全和完善，面向全体大学生展开法治教育，增强当代大学生的法律观念和守法意识，全面提升高校的教育治理工作的公平性，以校规校纪对学生行为进行硬性把控、约束，打造现代化的教育治理工作体系，为高校思政育人体系的创建提供保障性措施。又要处理好管理目标和管理内容之间的关系，采取春风化雨般的方式方法，净化校园的不正之风，培养正面向上、健康的校园风尚。以道德教育对学生进行软性感染和熏陶彰显高校思政教育的人文关怀和专业化水平，增强管理系统内部的黏合性。

八、结合实际与精神问题，增强服务育人能力

服务育人是指利用高校后勤保障部门的力量在为师生提供服务工作的同时影响人、塑造人、培育人。例如，陕西师范大学坚持解决实际问题与精神问题相结合，以师生需求为出发点，梳理各个后勤岗位的服务育人功能，加强对后勤人员的培训、管理和监督，打造"生态服务岛"，引导后

勤系统在提高服务能力的同时以文明礼貌、热情乐观的态度影响师生，实现"一体化""一站式""内涵式"服务育人。高校的后勤保障部门，包括：图书馆、校医院、保卫处等，是由多个实体构成的，涵盖师生生活的衣、食、住、行、学习各个方面，是实现思想政治教育工作实现常态化、日常化的有力抓手。构建全方位思政育人体系，增强服务育人能力要始终围绕师生这一受众，首先要增强供给能力，提供靶向服务。第一，采取公开透明的方式，面向社会群体机构公开招标。不仅要考虑投标机构的专业化水准，还要对机构的经营理念和人员素质进行综合考评，同时邀请学生代表对招标过程进行全程监督，推动服务向实用化发展。第二，采取网格化管理方式。实现与所属片区内的服务资源协调联动，通过共享扩大资源供给度，推动服务向便利化发展。第三，完善信息沟通平台。通过公众号、APP等手段畅通师生与后勤部门的互动渠道，推动服务向智慧型发展，确保供给方和接收方的信息对称，及时处理反馈意见，优化服务。其次，加大宣传力度，弘扬工匠精神。宣传后勤先锋的先进事迹，在提升身处后勤服务岗位人员的自豪感和荣誉感的同时，不断给高校师生施加工匠精神的正能量影响。

九、扶困与扶志相结合，提高资助育人水平

所谓资助育人指的是要将"扶困"与"扶智""扶志"联系到一起去。例如，西安电子科技大学出台《资助育人质量提升计划实施方案》，将育人作为资助工作的核心思想，坚持以学生为本，利用大数据打造了主动、精确的，集物质、道德、能力、精神培养四个层面一体化的发展性资助育人机制。高校要创建长效的资助育人机制，形成国家层面、学校层面、社会层面以及学生层面四者并存的资助体系，不仅要对面临生活困难的大学生提供物质层面的帮扶，使大学生在校期间的生活没有后顾之忧，而且要把无偿与有偿资助、显性与隐性资助等不同形式的资助结合到一起，在物质帮扶的同时，也从精神层面上对学生进行道德熏陶，最终使大学生培养起自强自立、心怀感恩、勇于承担的责任意识和奋发图强、积极向上、要求进步的进取观念。资助育人首先要体现在奖助学金等的物质资助发放上，一要强化档案意识。利用实地家访、大数据参考等方式建立动

态数据库，完善申请认证标准，及时更新受助学生信息。二要加强诚信教育。通过政策宣传、榜样带头的方式，加强对学生的诚信教育、感恩教育，从思想源头杜绝申报材料弄虚作假的现象，确保基础性工作做实做稳，推动国家资助资金公平精准落地。三要增设勤工俭学岗位。以"铸梦""铸魂"为前提"助学"，提供按学生自力更生和艰苦奋斗的意识品质。其次，针对专业学习上存在困难的学生，成立1V1课外帮扶小组或者以学科带头人牵头的方式建立"周末小课堂"，帮助困难学生收获自信，增加学识。另外，针对学有余力的同学，吸纳社会资金成立"双创基金"，支持学生进行科学研究，拓宽其发展路径，推动高校资助由保障型向发展型转变。

第二章 高校思想政治教育现状分析

本章的主要内容为高校思想政治教育现状分析,我们主要介绍了三个方面的内容,依次是思政教育的总体特征、思政教育存在的问题和教学改革阶段的机遇。期望能够通过本书的讲解,提升大家对相关方面知识的了解。

第一节 思政教育的总体特征

一、时代性

思想政治教育必须牢牢跟上当代社会的发展节奏,要具有鲜明的时代性特点,时代性特点在教育内容中有所体现,比如当前形势下中国共产党的政策、方针、路线,而上述有关党的理论是如何获得的,在现实生活中又有什么样的应用和依据,这些都是很重要的,思想政治教育也只有融入新时代的理论内容才具有生命力,才更容易被大学生掌握。随着改革开放和社会主义市场经济的不断发展,大学生的思想、价值观取向与以前相比产生了巨大的变动,受到了前所未有的影响。随着外来信息的不断涌入,人才需求的扩大,青年学生有更大更好的舞台来发挥自己的才能。但同时,世界上不同民族文化的价值观、生活理念随之涌入,形成了思想碰撞,导致了文化和意识领域的丰富化、多样化。而且当前世界信息全球化、网络全球化,也对当代学生思想政治教育提出了新的挑战,学生在生命中遇到的任何一个问题都难以有标准的答案,这使得教育者在给予学生正确信息这方面的权威受到了挑战,这是高校学生思想政治教育工作需要思考的新问题。时代性特征就是指思想政治教育要使理论联系新时代的实际，这就考验了思想政治教育者的理论驾驭能力与结合实际解决问题的能力。只有具备上面所说的品质和能力，对于实际遇到的问题才能有更透彻更有深度的理解，思想政治教育才能达到新的高度。

二、个性化与共享性

（一）个性化特征

1. 思想政治教育个性化特征的内涵
（1）个体、个性与个性化

要想研究思想政治教育个性化特征的内涵，首先必须了解个体、个性和个性化的内涵，并对此做阐释和辨析。

①个体

不管对于思想政治教育工作者还是学生来说，每个人都是独立的个体，而且每个个体都有独特的性格特点以及生活习惯，这些都属于个体的精神属性，每个个体的精神属性都是各不相同的。我们作为社会的一分子，每个人都在为社会做出着影响或者改变，即使这些影响或者改变很渺小，每个个体都具备他应有的社会属性。然而无论是生产生活还是学习教育，都离不开这个世界，在整个大自然中我们只是依靠大自然的馈赠，赖以生存的生物。所以说个体是一个兼备精神属性、社会属性和自然属性的有机体。其中最为根本的属性是社会属性，因为每个个体都不能脱离社会而存在，都要遵循社会的规则和法律，社会群体的存在依托于大自然，因此社会属性又以自然属性为基础。个体在社会中生产生活需要自身的主观能动性，由此可见，这三种属性之间也是相互促进相互制约的。一个群体的形成往往会有很严密的结构或者严厉的制度，依靠社会中的种种关系集合而成。而且群体的力量并不简单的是指个体力量的总和，群体的力量是不可估量的。一个合格合理的群体，一定是将群体的利益放在个人利益之上的，在满足个体的价值需求的同时，不破坏群体的利益，反而能够促进个体的发展。在我们当代的生活背景下，科技和信息迅速发展，对人的主观能动性产生了很大的影响，未来的生产生活不仅要有创新型的人才，而且还要培养出能够为群体利益奉献的人才。

②个性

个性是伴随着个体而存在的。由于每个个体的成长环境以及学习能力的不同，个体之间就会形成自身的独特性，这些独特性的表现，就是个体的个性。在高校思想政治课中，每一门学科都尝试着对个性做出了种种解释，从多种角度分析的话，这些解释都很合理，因为个性是存在普遍性的特点的。每个个体都有他独特的个性，而且是唯一个性，其他人无法代替的，并且依靠自己的特性能够引导自身的主观能动性，从而为社会创造丰富的内容。矛盾的普遍性和特殊性揭示了共性和个性的关系，也就是说个体之间的个性是由于与其他个体产生了特殊的矛盾。个性与共性之间是相互制约的，如果由于个性的特殊与共性之间产生了突出矛盾，在一定的条件下二者是可以相互转化的，要遵从于群体的利益。如果从心理学方面进行分析，个性是每个个体身上与其他个体有明显不同行为习惯的表现。而且个性对于每个个体而言相对来说比较稳定，不好改变。从高校思想政治教育方面进行分析学生的个性主要体现在品行和学习能力等等方面，通过观察个体的精神面貌，就能大体判断出他的个性特点。当我们分析某个个体时，对他的个性研究分为显性和隐性两个方面显性就是个体在日常的生活和学习中所表现出来的个体特征，而隐性就是学生内在的、不经常外露的个体特征。

③个性化

单从字面上进行分析的话，我们可以将个性化分为两个部分，一部分是个性，一部分是化。个性化指的是某个个体形成自身特殊特征的整个过程，而在这个过程中，以个体的心理活动和性格变化为主要特征表现。每个个体的个性可以依靠自身的生活经历和学习经历而发生改变，但是个体的个性也可以依靠他人的引导来进行改变，前者主要是形成个性的过程，而后者主要体现在个性培养阶段。在高校思想政治教育中，我们可以对学生的个性进行统一的引导，构建一个统一的整体，便于管理，便于教学。与个性化相对的是大众化，大众化所指的是基本上人人都能接受的东西，不管是事物的特征还是属性，都能从个体中分化出来。在某种程度上，个性化和大众化是相互对立的，但是这种对立性仅仅表现在事物的表面，如果挖掘事物的内涵，我们就能发现个性化和大众化是共同存在的，个性化

第二章 高校思想政治教育现状分析

受大众化的制约。因为无论个体的个性化如何发展，都要在大众化所能接受的范围内。

个性化教育的发展就是在个体个性化的基础上演变而来的个性化教育，尊重每个个体的独立发展状况，又根据社会对人才的需要，来对个体进行培养。个性化教育是教育发展的必经之路，由于个体的差异以及个性的独特发展，每个人的接受程度和学习能力参差不齐，这种教育思想也逐渐演变成了一种教育活动，逐渐成为高校思想政治教育课中的主流形式。

经过多年的发展个性化教育已经有了坚实的理论基础，其中马克思主义主要宣扬的是坚持人民群众是实践的主体，一切从群众的利益出发坚持维护群众的观点。无论是生产还是生活，都要以人民群众为中心，将人民群众的利益放在制高点，依靠人民群众的劳动获取丰硕的果实，而且发展成果要与所有人民群众共享。不知当群体在进步的时候，个体也在发展，个性也会慢慢表现突出。在尊重每个人个性发展的前提下，相信每个人的力量，共同促进发展与进步。早在2000多年前，孔子在《论语》中就说到因材施教的理念。因材施教的提出，也是考虑到个体之间的个性化趋势越来越明显。孔子在教学的过程中会考虑到学生的性格特点和学习兴趣之间的差异，针对每个学生都有些独特的教学方法，其目的就是让每个学生都能接受自己的教学方式，能够真正学到受益无穷的知识。

④三者之间的联系与区别

个体、个性和个性化，三者之间是存在着一定的联系的，三者之间有的是相互依存，有的是相互制约，有的是相互促进。个性的发展以及个性化的形成，都要依托于个体的存在，只有独立个体才能产生独特的性格特点和心理特征，进而形成独特的个性特征。而个性是一个个体独特性的重要表现，个体生活在社会与自然中一定会存在一些与其他人不一样的特征，这些特征就是个体的个性。当然个体的个性也存在着好坏，好的个性在生活的进程中就会被保留下来，而对群体对社会有害的个性就会被慢慢摒弃。个性化主要指的是个体的个性发展形成的过程，是每个个体的必经阶段。在个性化发展的过程中就会形成比较突出和外在的个性特征。由此可见，个体是个性和个性化发展的前提条件，而个性和个性化的存在是相互促进的，并且受自然属性和社会属性的制约。在当今社会发展的过程中，由这三个因素演变出了两种教育形式，一种是个性教育，一种是个性化教育。这两种教育模式虽然只有一字之差,但内涵却相差千里。在个性教育的背景下,尊重的是每个个体的个性差异,旨在将每个个体的个性放大,使每个个体的个性得到充分发展。个性教育认为每个个体的个性差异都是自然发展的结果,都应该受到尊重,将充分引导和发展受教者一些健康的独特个性。而个性化教育的内涵,主要是通过后天的教育行为对个体进行积极健康的引导和培养。个性化教育同样尊重个体之间的差异,也尊重个性和个性化的发展趋势,在充分尊重的前提下,对群体中的每个个体进行培养,而形成共同的个性特点。

另一方面个性教育也存在着一定的弊端,比如说在尊重个体发展的同时,往往会忽略共性的培养,学生在成长和进步的过程中需要融入很多个群体,班级群体、学校群体以及社会群体都是很重要的。而融入这些群体就需要与群体中的个体之间存在一定的共性特征。长时间接受个性教育,还有可能会导致学生产生个人主义思想,过分地强调个人利益,而将群体利益至于个体利益之下。在个性化教育中就不会出现这样的现象,在尊重个体发展的同时,通过一些教学活动引导学生形成的个性特征,在群体中就是共性的表现,个体在个性化教育中不仅能够充分发挥自身个性,还能够全身心融入群体中,尊重他人利益,维护群体利益。个性化教育尊重每个人的个性发展,也正是由于这一点容易被人误解为一对一教育。虽然在个性化教育中,教育工作者不会将每个学生的个性进行打压,或者将每个个体的个性进行强制性的统一,但是在教育的过程中也要培养学生一些共同的个性。这种教育模式并不是一对一教育,而是将学生的思想和接受能力进行了同方向的引导,进而在学习和教育中,他们能够接受的程度也不会相差太多。所以说将个性化教育理解为一对一教育的思想是片面的。一对一教育主要是为了应付考试而采取的手段,这种手段仅仅关注学生的学习成绩,忽略了学生的个性发展和全面进步。而个性化教育尊重学生之间的个体差异,在促进差异积极健康发展的前提下共同培养学生之间的共性。

(2)思想政治教育的个性化特征

①尊重个体的主体性作用

个体的主体性主要指的是个体,利用自身的主观能动性,做一些自己想做的事情,这种主体性是受大脑思想支配的,在有意识的情况下进行的主观行为，通常情况下，个体的主体性是具有一定目的性的，在主观能动性的引导下自由进行一系列的生产活动。因此在高校思想政治教育中，要尊重每一个个体的主体性特征，通过一些教育手段使他们的主观能动性得到充分发挥，在高校思想政治教育改革的进程中，尊重个人主体意识是重中之重，也是前提条件。在实际的教学中，教育工作者要充分尊重个体的主体地位，结合教学大纲对教学内容的标准规定，充分激活学生的学习主观能动性。思想政治教育最重要的是能够让学生辨别事物的真伪以及好坏，当面对陌生的事物时，能够结合所学知识独立地进行判断，并且能够做到对自身进行评价和批判。高校思想政治教育的个性化特征，注重的是对个体的引导和鼓励，通过一些方法和手段，促进学生自觉接受思想政治知识，通过知识的学习升华自身的品格和本质，从而实现自由发展的个性化特征。

②满足个体的差异性需要

人类在世界上生存的过程中具备了三种属性，分别是自然属性、社会属性和精神属性，在这三种属性共同的陪衬下，个体之间是一定会存在差异性的。不管是人类还是其他的动物，都有一定的生理特点，这些生理特点对于个体而言是独一无二的，因此人类的自然属性就是人类自身所带有的生物属性这些属性是受遗传所影响的。由于遗传的影响，人类在外形与气质方面不会出现一模一样的，必然会存在一些差异性，再经过后天的学习和培养，每个个体都会具备一些能力，同时养成一定的性格。这些因素都是受社会环境以及家庭环境的影响的，因此被称之为社会属性。每个个体生存在这个社会中，受社会影响是必然的，也因此造成了个体之间的差异性。，在这样的背景下，个体的差异性同样也在影响着社会的发展，正是因为个体之间存在差异，他们对事物的了解和认知都不同，在社会的筛选下会找出一个最佳选择进而促进个体的发展，还能促进个体的成长。社会环境和家庭环境的差异带来了个体之间成长发展过程中的需求差异。在高校思想政治教育进程中，尊重个体之间的差异，创设个性化的教学课堂，针对个体差异策划出不同的教学方案，一切教育活动都要因人而异，因材施教。还有在评价的过程中，也要根据个人的能力和差异性来进行实时评价，为个性化的思想政治教育课堂创建打好基础。

③促进个体的个性化发展

高校思想政治课堂需要向个性化特征的方向发展，创建这样的教育模式同样也是为了培养个性化发展的人才，最终目的都是为了学生的健康成长。在这个理念实施的过程中，我们需要保证几个方面平稳进行，比如说将每个个体的潜能最大限度的开发，并且让他们感受到自身体内蕴含的学习能量，进而促进他们的学习欲望。其次个性化特征的教育方式需要尊重个体之间的差异，了解每个个体的性格特点，根据教学需要以及学生自身的能力选择合适的教学方法。在充分发掘个体潜能的同时，也要促进个体的发展。教育工作者在课堂中面对的每个学生，无论是从成长环境还是学习能力上都是大不相同的，所以在实际的教育过程中，很难将教学方法进行有效的统一，但是我们仍然需要保障教育的有效进行以及个性化改革，因此针对每个个体促进良好个性的发展，遏制不良个性的发展，也就成了教育的工作内容。

2. 思想政治教育个性化特征的构成

思想政治教育个性化特征要求尊重个体主体性和差异性，促进个体个性化发展，具体表现为人性化关怀原则、主体化教育要求、分众式传播方法、精准化过程管理等四种形式。

（1）人性化关怀原则

在个性化特征的发展引导下，教育工作者同样也要注重人性化关怀的原则，让学生在学校这个大环境中，能够感受到家庭一般的温暖。人性化关怀立足于以人为本的理念之下，他提倡以学生为主体要求教育工作者，关心关怀学生的学习情况以及发展状况，不仅要使学生在专业的知识学习方面得到进一步提升，还要保证他们的品格和能力，在健康积极的道路上发展。在以往的教育中，教育工作者注重的大部分都是集体的进步，从而对个体的个性化特征发展没有太多的关注，对于学生的生活和情感没有很好的了解。随着社会的进步以及教育的改革，这种教育模式显然已经不符合时代的潮流，现在需要做的更多是关怀学生的身心健康以及情感心理方面的问题，只有解决了学生的后顾之忧，才能让他们全身心投入到教学中来。这些后顾之忧来自于很多方面大部分都能够对学生的情感和心理造成一定的困扰，从而影响他们的学习，这就需要教师工作者对学生个体实施人性化的关怀，针对个体之间的差异，结合他们的实际性格特点来满足个体的精神心理需要。传统的高校思想政治教育主要以思想教育和政治教育为主,而现代的个性化思想政治教育中融合了人性化关怀的原则,从学生的情感和心理出发,对学生进行无微不至的关怀,而且结合他们的情感和心理创设出很多合理的教育方法。在整个的教育过程中,学生能够在符合自身成长发展要素的大环境中进行学习教育工作者在传授知识的同时也得到了学生的充分信任,在学校里教师就是学生的父母,充满人性化的关怀能够提升教育对象的学习能力和学习效率,换种方式就是人性化的关怀,能够提升教育对象在学习过程中的主观能动性,促进了个性化思想政治教育的发展。

(2) 主体化教育要求

无论是什么学科、什么学段的教育过程,都需要以教育对象为课堂主体。教育工作者在其中起到的主要是引导作用,通过尊重个体差异以及人性化的关怀,增进学生的信任,从而使他们在学习过程中没有后顾之忧,全身心的投入学习过程中。以教育对象为中心的教学理念已经成为当代主体化的教育要求,它符合现代教学大纲的要求,也符合社会人才需求的标准。通过积极健康的引导,让学生感受到自身在课堂中的主体地位,激发他们的主观能动性,引导他们在课堂中多多施展自己的学习能力与学习成果,促进整体学生进行思考行为以及培养独立思考的意识。在教育对象不是课堂主体的年代,进行的教育一般都是统一式的教育,不管是针对什么样的学生,都是一成不变的教育方法,显然这种教育模式已经不符合我国人才培养的需要。这种单向的知识传输方式不符合以教育对象为主体的教学理念,而且国家在教育资源方面的投入也在逐年的上涨,教育部门对课堂的质量也十分关注。因此教育对象在主体地位上的发挥也要进一步地提升,在促进个体个性发展的同时要给学生个体展示自我的空间与时间,在课堂时间允许的情况下,多多给出学生自由讨论的时间,让他们在讨论与商量的过程中学习新的知识。受个性化特征思想政治教育的影响,以教育对象为主体的课堂明显更具有一些活力,在这样的氛围中,不管是教育工作者还是教育对象,都能感受到自身在课堂中所发挥的作用。个体在独立发展的同时,能够结合自身的需要发挥主观能动性,唤醒自身的主体意识。

(3) 分众化传播方法

聚焦传播是随着网络新媒体的发展而形成的，与大众传播相对应，是指传播者根据不同受众群体的不同需求，提供有针对性的信息和服务。思想政治教育的个性化特点尊重教育对象的个性化差异，根据教育对象的不同个性和需求，采用差异化的方法，即有针对性的传播方式，提供有针对性的教育内容。这种有针对性的沟通方式是基于实事求是的原则，在政治教育方法中的应用。思想政治教育方法和教学方法多种多样，教育方法注重理论与实践并举，线上线下并举，传统方法与技术方法相结合。思想政治教育的方法有转移教育法、比较教育法、典型教育法、自我教育法、情感激励法、示范示范法等。思想政治教育交流采用分散式思想政治教育传播方式，选择适合自己个体的不同教育方式，因人而异地调动教育对象的积极性，增强了思想政治教育的魅力和吸引力。

(4) 精准化过程管理

精准，顾名思义就是指教育过程中要针对具体的问题来实施，具体的解决方案，使教育中面临的问题得到准确的解决。要想使整个教育过程做到精准化，不仅要对教育工作者严格要求，要求他们平时严于律己，做好自己的教学工作，也要加强对学生的管理。说到管理，我们通常会认为是上级对下级的规定和要求，但是在课堂中教师和学生是平起平坐的教师对学生的管理完全是出于对学生的教育和保护做出的一系列行为。精准化的管理要覆盖学生的方方面面，无论是课堂的学习还是日常的生活中，都要对学生进行无微不至的关怀。因为高校的学生大部分都离家较远，都是在校内住宿，因此教育工作者充当的就是父母的责任。在对学生进行良好教育的同时，也要注重品格的发展方向不能跑偏，这就涉及教育工作者对学生精准化的管理。个体之间的差异也为精准化的管理指明了方向，比如说有的学生在面对学习困难时不擅长向老师提问，也不擅长与学生进行沟通，整体的学习和生活风格比较孤僻。针对这类学生的管理，我们要采取特殊的措施，引导他们多与学生和教师沟通，在一些团体活动上安排注册的任务与其他学生共同完成。结合学生个体不同的个性特征以及性格特点，实施精准化的管理措施，教育内容都是教学大纲规定好的，很难做出改变,，但是在教学过程中所采取的教学方法是多种多样，并且可以根据学生的实际情况进行创新的。精准化管理最重要的就是一针见血，在具体问题上具体分析采取具体的解决方案，高校思想政治教育精准化能够很好的为教育对象解决学习和生活上的困难，有效促进教育对象的身心发展和个性发展。在精准化管理的过程中，我们可以感受到以人为本的教学理念，教育工作者人文性的关怀也能提升精准化管理的效率。

（二）共享性特征

1. 思想政治教育共享性特征的内涵

高校思想政治这门课程与其他的学科不同，在思想政治的教育过程中，我们可以总结出三个要素分别是共识、共治和共享。先从字面上进行分析，我们可以了解到共识的意思就是教师与学生之间的意识形态要达到一致，这样才能促进教学的稳步进行。思想政治中的教育内容，无论是对于教师本身还是学生个体而言，在生活和学习中都是一项重要的参考标准，因此我们可以说思想政治具有共识性。其次思想政治是对我国社会中每个个体的思想要求和道德要求，无论是在生产生活还是学习中，需要个体之间相互的监督，在学校的大环境中，教师对学生有着管理的权利和义务，但是在思想政治下，学生对教师同样有着监督和评价的权利和义务，这就是思想政治的共治性。共享更多的是共同参与共同学习的过程。在马克思主义理论的指导下，我国公民要拧成一股绳，在思想政治上形成共同体，共同参与良好社会氛围的形成，对于教育内容要共享，让每个人都能享受到知识带给我们的乐趣，同时还要共享良好的政治思想，升华自身品格与本质。

共享就是个体之间共同享有，对于好的思想与事物，我们要善于与他人分享，为他人提供使用的条件与权利。在这里，我们提到的共享是非常客观的，并不单单指的是社会中物资之间的交换，更多的指的是精神资产之间的共同享有。以马克思主义理论为指导，坚持毛泽东思想和中国特色社会主义道路的理念，在学校这个大环境中进行知识共享，让每一个教育对象都能够接触到伟大的思想，以及这些思想为中国带来的巨大改变。其次，共享行为是具有全面性的思想政治教育过程，共享能够良好促进学生的整体发展水平。这种发展不单单是指某一方面，无论是在学习领域还是生活领域，都需要这些重要政治思想的引导，所以我们可以说共享必须是全面的。然后思想政治教育中的共享一定是全员性的，需要每个教育工作者以及教育对象去学习,通过思想政治增进二者之间的联系,使全体成员在思想上达成共识。

2. 思想政治教育共享性特征的表现形式

(1) 多元主体的协同性

在高校思想政治教育中,我们通常会说要把教育对象作为教学的主体,开展一系列的教学活动。如果放到整个社会上来看的话,需要思想政治学习的主体就会有很多,同时共享的主体范围也就扩大了,因此需要多元主体相互协同、相互促进,共同打造良好的社会范围。共享的多元主体,其实就是社会中的全体成员。进行思想政治学习时,把弱势群体作为主要关注对象,对他们进行积极健康的引导,强化马克思主义理论指导思想在心中的稳固地位。这样的局面同样可以体现出共享性的特征,因为这些重要的指导思想是人类共享的,每个人都可以学习和借鉴的行为准则。多元主体之间要形成一个共同的目标,结合自身差异和周边的环境资源提升自己的思想道德水平。思想政治教育成果是所有个体共享的知识,教育成果可以影响很多个方面,比如说教育方面和生活方面。由此我们可以看出思想政治教育是具有一定普惠性的,他为整个社会带来了便利,也为某些弱势群体指明了发展方向,在多元主体的共同协同下打破僵化的局面,结合党委组织的统一领导,全员协同,共同参与构建社会层面的责任体系。

(2) 过程参与的交互性

共享行为是社会中每个个体都会存在的行为,无论是在社交中还是工作中,都会用到共享。人类在社会中生存需要一定的社会关系,而社会关系的建立和维护是需要沟通和交流的,人类在沟通和交流的过程中就会产生共享意识和共享行为。因此我们不难看出共享的前提是人参加一些社会活动,只有一个人进入到可以交流的过程中,才能感受到共享带来的便利,从而体会到过程参与的交互性。我们将社会中的现象映射到高校思想政治教育课堂中来,也是同样的道理。只有让教育对象个体之间进行充分的沟通和交流,产生一定的交互性才能促进共享性特征的形成。然而在思想政治课堂中的主体不单单是教育对象一个,还有教育工作者。教育工作者在进行教学的过程就是交互性的体现,这是一个教师与学生沟通交流的过程,学生可以在这个过程中提升自身的思想政治水平。并且适当地安排一些讨论活动，能增进学生个体之间交流的时间和机会，提升整个教学过程参与的交互性。高校思想政治课堂是通过主体之间相互交流，相互促进来完成的交互课堂，各个主体的共同参与为整个过程的交互性提供了很多种可能。

(3) 网络环境的开放性

时代的发展与进步也为互联网的发展带来了无限的可能，在网络环境变得复杂的今天，信息资源的获取也越来越方便，因此开放性的网络环境，也为思想政治教育提供了一些可靠的便利。比如高校思想政治教育中，有时候需要搭建一个平台为教学活动提供必要的条件，而这样一个平台所需要的教学资源，就需要从网络中获取。多媒体的应用越来越广泛，同时多媒体也成了使用效率最高的网络平台，借助多媒体进行教学的手段，也在逐渐的创新。通过互联网搭建的资源共享局面交互性是非常强大的，在实际教学过程中要充分利用这种优势，将它转化为课堂教学的优势。开放的网络环境，不仅为我们带来了一系列的便利，同样也带来了一些挑战。网络中的内容有好有坏，我们在选择的过程中要仔细的筛查和审核，将一些值得共享的信息资源共享给教育对象，将那些毫无底线的信息资源摒弃在外，不给教育对象接触的机会。只有把握好网络环境的开放度，才能做到随时获取海量的共享资源。

(4) 资源利用的系统性

我们在利用各种平台进行资源共享以及教育教学的过程中，会面对到很多种类型的教学资源。这些教学资源有的是前辈们整理好的，也有的是通过其他途径获取的资源。教育工作的前辈经过多年的努力和长时间工作经验的总结整理出来一系列的教育资源，方便了我们今后的教学。我们在共享这些资源的同时能够发现它们具有一定的系统性，这些都得益于前辈的努力。还有一些教学资源，我们是在网络中搜罗到的，这些系统资源同样出自于劳动人民之手，在共享系统性资源的同时也要从内心发自感激之情。由此我们可以看到共享的过程一般都是对教学资源系统性的共享。然而我们在享受前辈为我们带来的便利的同时，也可以对现有的、创新的教学资源进行有效的整合，使他们更具有系统性。使这些教育资源能够得到多次利用，并且充分发挥系统性的价值。资源利用的系统性不仅要符合当代社会的发展理念，更要符合教育对象在成长过程中的价值观念导向。还可以结合现有的信息技术，将教育资源与信息技术相结合，促进教育资源向科学化的方向不断进步。同时高校思想政治教育在系统化发展过程中也要形成自己独立的学校系统，由于每所院校的教学风格不同，以及师资团队力量之间的差异。我们将每所院校都当作一个个体，从个体的差异性出发，结合自身的实际情况，打造属于自己的系统性资源体系。

三、客观性与主观性统一

思想政治教育教学是客观内容与主观形式的辩证统一，它是对思想政治教育教学实践活中的各种现象之间的关系，以及教学的特性、教学方面等本质的一般概念的概括和反映。思想政治理论课教学的客观性与主观性的统一体现在两个方面：一方面是其的内容来源是客观的，一点也不能离开客观实在性；另一方面是从形式上来说是主观的，它是内容这一客观存在的反映形式，人们通过自身的主观能动性，对教学实践的具体内容进行能动的思考，对其进行能动的反映和改造。假使没有通过意识和思维对教学实践的客观内容进行主观创造，其也就无以形成。的客观性和主观性统一在特定的思想政治教育教学实践活动中。

思想政治教育教学的客观性是指其教学内容来自这门课程所研究的特殊领域的教学实践，包括具体的课堂教学和实践教学，且其所固有的本质和规律性是不以教育者的主观意志为转移的客观实在，思想、知识、行为，教师与学生，理论教学、实践教学、管理教学，理论灌输与情感共鸣等都是这一的内容，它们都从属于意识层面，但其都不是由主观意念自主产生的，范畴体系的构建都是从实践中产生，是教学实践的结果，是对实践的科学分析和抽象，所以它不同于不以人们意志为转移的，独立于人们意识之外的客观实在性的物质的客观性。思想政治教育教学是对教学实践活动的本质和规律的反映。因此，从其范畴内容的来源和它建构的过程、趋势等来看，它都具有客观性。

研究理论问题时，我们需要充分调动人的主观能动性，人们的主观性将思想政治理论课教学的研究领域中产生的具有客观实在性的原材料进行加工制作，从而才形成了这一，这种加工制作就是通过人脑对客观实在进行理论思维的创造活动，使其在表现形式上具有主观性。

就如我们在讨论教学问题时，不能把教学的内容和反映形式割裂开来，只承认教学的主观性或者只承认客观性，都是片面的，都是错误的，高校思想政治教育教学是主观性和客观性的统一。

四、实践性与认识性统一

通过实践和认识的不断反复运动，人们在对从教学实践过程中得到的原材料运用头脑的主观的理论思维形成最初认识，在最初认识的基础上进行反复推敲，分析研究，总结归纳教学实践的内在的、本质的特征和现象，进而对这些现象的普遍联系进行分析研究，得到各种现象的内在联系和共同本质，从而形成思想政治教育教学的。其实践性表现在两个方面：首先，源于思想政治理论课教学实践并服务于思想政治理论课教学实践。其次，对培养大学生正确的马克思主义价值立场、方法、观点等具体的、现实的教学实践活动具有指导作用，是影响教学目的和教学效果达成的重要因素。

高校思想政治教育教学在本质上是教师与学生之间不断实践，不断提高认识，再用认识指导实践并得出新的认识。老师的教与学生的学就是构成这一特殊教学实践的统一结合体，从而作为反映教学基本概念的范畴具有实践与认识的统一性。思想政治教育教学作为党的指导思想重要宣传阵地，其始终反映中国特色社会主义的建设发展这一实践活动，对这一实践活动中出现的种种问题而展开理论研究，其价值指向是引导学生掌握科学理论，坚定理想信念和提升思想素质。

思想政治教育教学对体现中国特色社会主义思想政治教育教学追求最重要的价值体现在其能对培养大学生的马克思主义理想信念的教学实践产生指导作用，表明其与培育高校大学生的思想政治修养和德育教育教学的现实的教育实践是紧密结合的。具体体现在通过范畴对教学实践的指导，有助于学生对教学实践活动产生正向的思想认识。其次，因这一理论的形成与发展都源于其实践，思想政治教育教学中的研究人员可以在实践中检验理论的正确性，促进对理论的认识发展，降低这一在建构中的盲目性。

思想政治教育教学是实践和认识的支点，不仅仅因为它是教学实践活动的产物，更是教学实践与理性认识活动的产物。思想政治教育教学的实践活动形式越多样、内容越丰富、层次越深入，揭示其各种现象的内部的、本质的联系更深入，从而形成更深刻、更精确、更科学的体系。

五、绝对的科学性与相对的利益性统一

思想政治教育教学的科学性在于所概括和反映的内容即思想政治教育教学的科学性，思想政治教育教学通过教学实践活动使学生形成社会所需要的思想政治道德，培养学生全面发展的综合能力。马克思指出无产阶级社会中，就是要让社会成员的能力得到充分的发挥，而思想政治教育就是遵循着这一观念展开其教学活动的，以期通过教学将学生的观念得到最大化的提升。社会的发展及其实践活动都需要理论的指导，理论是发展的动力，缺乏理论指导的实践都是无意识、盲目的，都是无法前进发展的，社会的发展改革只有在科学的理论指导下才能得以实现。马克思主义理论是被实践反复检验过的科学的、正确的理论，是人们认识世界改造世界的重要武器，思想政治教育教学实践活动以马克思主义理论为基础，向学生传授其价值体系、立场、观点等，其教学就是在马克思主义理论的指导下建构的，它导引思想政治教育教学发展规律发展。这一教学的科学性还体现在其自身具有的客观实在性和规律性，即其反映的是思想政治理论课教学特殊研究领域——思想政治理论课教学实践活动的特殊矛盾运动及其本质规律。在任何历史时期和政治体制下，普遍性是思想政治教育教学实践活动的特殊矛盾运动及其本质规律的一个基本特征。所以，客观性和科学性就构成了思想政治教育教学内容基本特点。任何历史时期和任一体制下的意识形态教育，基本都客观地反映了其内在的本质和固有的规律。他的科学性是绝对的，这一教学实践在一定的具体条件下具有相对不变性，保持其相对稳定性。辩证唯物主义强调的是要承认真理的客观性和绝对性，且真理是正确揭露客观物质的本质和规律的，因此，承认这一教学的客观性就是承认了它具有绝对性。

而思想政治教育的利益性指根源于其本身具有的阶级性和意识形态性。其具体达成目标和服务的对象是由统治阶级的阶级性质和立场决定的。马克思历史唯物主义观认为，全心全意实现最广大人民群众的根本利益就是马克思主义政党鲜明的政治立场。毋庸置疑的是为无产阶级政党和

广大人民群众服务是社会主义国家的思想教育的宗旨。

（1）思想政治教育教学在这门课程教学实践的基础上，既包括对原有教学内容的修正，也包括在现有的基础上更新内容，任何事物的产生都摆脱不了现实的因素，范畴也不例外，这一理论体系的构建会被当时的实践所影响，其结构体系是在对当前教学实践的总结、归纳和抽象，它的建构被许多条件限制，其不能对未来的教学实践进行完全准确的判断，故当前的范畴反映的内容是相对的，并不是绝对的。

（2）马克思主义认为，范畴是运动、变化和发展的。思想政治教育会不断地进行改革发展，其教学内容的扩大和方法的增加变化，人的认识能力和水平也在随着对事物的不断认识而不断提高，进而会有新的观点出现，会形成新的。

（3）正如辩证唯物主义观点强调的那样，事物在实践中是矛盾的状态，是不断变化发展的，会呈现相互对立、相互依存的状态，并能够辩证转化的，此时对立、彼时统一，这也就是事物的一个过渡性和相对性特征。而思想政治教育教学的相对性就是对其教学实践中的基本矛盾运动及转化的反映。因此，思想政治理论课教学之间是能够辩证转化的，具有相对性。

六、导向指引下的整体性与教学的层次性统一

思想政治教育是维护好发展好党的意识形态工作的重要组成部分，也是提高人民思想道德素质的重要手段和工具，其需要也具有导向指引性。思想政治教育教学是本学科理论体系中的基础，而理论作为人们在实践的基础上的，对事物的认识由感性上升到理性而形成具有前瞻性的教育内容，其本身对教学实践活动就具有导向指引作用，进而由于思想政治教育自身具有的阶级性特征，即必然有一个价值指向。导向指引性主要是针对两方面而言。

一是对大学生的个人发展和如何在社会实践中发挥自身作用起到导向指引作用，包括引导学生的思想观念、精神境界朝着全面发展的发展方向提升，增强学生的精神力量，在实际的教学中促进社会主义核心价值观同学生自身的思想观念和政治观点相融合，积极引导和帮助学生自觉接受并

且树立社会主义核心价值观。

  二是为教学实践活动提供一个客观的标准，对思想政治教育教学的改革发展方向起到指引作用，促进教学理论的创新与发展。思想政治教育是在教师马克思主义的指导下对学生的价值选择和社会价值的取向产生导向指引作用，使其形成社会发展所需要的道德规范和思想素质。思想政治教育教学的导向指引是实现教学目标的关键，其既是促进社会和个人的全面发展的要求，也是马克思主义理论与时俱进和教育多样化发展的需要。

  整体性在思想政治教育教学中首先体现在教学中的每一阶段和环节中，其次还体现在教学内容的整体性，思想政治教育是向学生传授马克思主义理论知识，这一理论具有完备的逻辑体系和框架，其发展历程也具有整体性。思想政治教育教学的导向指引下的整体性主要表现在以思想政治教育为教育教学内容并引领教学的正确方向，而这门课程本身就具有完整性，在教学过程中首要的是让学生认知和了解这门课程和教学内容及其思想的整体性，而不是对某一部分具体的知识点进行深挖，因此对的构建应坚持完整性这一特征。在教学过程中，不应把认识某一具体知识的目的作为教学的第一要务，否则学生将无法掌握这一教学内容的思想，更无从谈起对知识、思想的转化。

  思想政治教育是一门兼具系统性、完整性的课程，可将各种性质类型的教育教学因素整合到教学过程中，并能引导学生把感性认识或零星观点转化成一个整体的思想政治素质，其教学最重要的一点就是要使学生对马克思主义理论的价值立场、观点等思想的认识转化为信念，因此在教学过程中一定要重视对整体性的把握，而对思想政治教育教学构建的理应体现整体性这一特征。思想政治教育教学从根本上来说，也是思想政治教育范畴体系的重要组成部分。其与思想政治教育范畴体系一样，在德育教育教学、培育大学生树立正确的人生观、世界观、价值观的过程中发挥着指引导向功能，并以整体的形态存在和运行着。这一范畴系统是一种思维形成的存在，由不同的要素、层次而构成的一个整体结构，其变化发展集中地体现了辩证逻辑整体的运动过程，在过程中不同的要素、层次之间，整体与层次、要素之间，整体与外部事物之间都有着各种联系。思想政治教育教学作为一个学科体系的重要组成部分，必然要求通过思维形式来系统反映其包含的，使教育者和受教育者从中获益。思想政治教育教学体系是从本质上揭示了各个以及范畴之间的运动轨迹和规律。因此，我们不能孤立地研究其具体内容，要从系统到要素和层次，从整体到局部，从全体到单一。

思想政治教育教学的层次性表现在这一教学既然是一个教育教学的整体系统，其间必然具有教育教学的局部层次。思想政治教育教学体系的划分是依据逻辑思维的组织、推演及运行规律展开的，进而形成了由起点、中心、中项、成效和终点等范畴构成的这一具有逻辑性和科学性且合理有序的范畴体系。高校思想政治教育教学是围绕中心范畴，然后从起点范畴开始，经过中项范畴、成效范畴最后到达终点范畴的动态运动和发展变化的过程。这个过程动态简洁地揭示了高校思想政治教育教学体系中不同要素和层次之间的内在联系及运动变化的本质规律。思想政治教育教学的整体属性决定了其不能为孤立的所反映，只有体系完整、各要素层次分明、合理有序地联系在一起，才能科学地反映思想政治教育教学的本质规律。正是由于高校思想政治教育教学的整体性特征，其结构与层次之间彼此关联、相互作用，一是指系统与要素环节具有稳定的关联性，即其范畴体系中的各个具体范畴均有固定的位置和作用等；二是指层次与层次之间具有关联性，即指这一教学内的每一逻辑层次之间都是彼此相连的，具有逻辑规律的关系。正是由于这种系统与要素、层次与层次之间的关联性，使得这一教学体系的结构成形，并具有稳定性。关系是结构得以存在的前提，也是构成系统的基础，而只有系统内要素间得以稳定才能形成彼此之间稳定的关系，任何事物的整体性质都是每一部分之间相互依存又相互制约的关系来体现的。

在思想政治教育教学体系中整体与任一层次，层次与层次之间都有着相互制约与依存的关系。思想政治教育教学不仅具有导向指引下的整体性特征，而且还具有教育教学过程中的层次性特征，从而能够把这一系列的动态联结为合理有序、层次结构分明的有机统一整体，从而就构成体系。综上，思想政治教育教学具有导向指引下的整体性和教育教学的层次性的特征。

第二节 思政教育存在的问题

一、存在的问题

(一) 高校思想政治教育教学滞后

教育改革、教育创新一直是教育工作者的职责和使命。在我国经济发展新常态、中国特色社会主义进入新时代的今天,思想政治教学中的很多问题也逐渐显现。不只是时代与外部发展变革给思想政治教学带来新的挑战,在思想政治教学自身也存在一些矛盾。只有矛盾凸显,问题暴露,在问题的解决中我们才能实现新的完善和进步。

1. 教育模式面临退化

新时期意识形态工作论述是在不断总结我国历届领导集体关于意识形态重要论述的基础上,结合我国实际国情与时代背景的新时代思想产物,充分体现了极具时代特色的创新性和与时俱进的特征。这样的时代性特征于高校而言应体现在教育模式与时俱进。一方面,新时期意识形态工作论述的网络论述表明网络已经成为意识形态斗争的重要战场。大学生作为时代先锋产品的追随者,必然会受到网络信息的干扰和迷惑。在这样的现实背景下,已有不少高校反映时代的要求,建立起网络思想政治教育平台,但仍然有部分高校疏于网络思想政治教育平台的建设和发展,甚至有部分高校并未感悟到网络教育的重要意义、没能触及该领域,依旧保持传统的课堂讲授教学模式,教育模式呈现老化,无法吸引学生注意力、激发出学生对思想政治相关内容的学习兴趣。对此高校应及时反映时代要求,进化其教学模式。另一方面,目前高校思想政治教育课程内容相对独立,大思政教育模式还未健全,未能全方位将思想政治教育的相关理论渗透入高校教育教学过程当中。

2. 思政教学主体变化

我国思想政治教学的主体现今正处于一个变革的过程之中,尊师重道是我国教育传统形式，从我国古代延续至今的传统观念决定了教师地位与学生地位的不平等性特点。在新时代的教育和社会新的要求促使下，我国逐步由教师主体向学生主体转变。教师如何开展教学，如何认识学生、对待学生，这都要体现学生的主体性原则。学生不仅仅应该是学习的受体，更应该作为发挥主观能动性的主体。在思想政治教学积极倡导以学生为主体的大背景下，各学校积极开发新的教学模式以改革取代旧的教师主导的教学模式。"翻转课堂""微课"教学、"慕课"教学等都得到积极地运用。这其中就存在一个"度"的问题。思想政治教学内容的特性、教学科目的特点、学生年龄特点学习能力等决定了应该使其有针对性地进行改进式发展，而不应该盲目仓促开展新的教学模式。

3. 教育对象思想杂化

高校思想政治教育的顺利开展并达到期望成效，需要多方协同发力，其中最重要的就是教育者和受教育者双方的共同配合，在双向互动中完成教学任务并达到教学目标，因而大学生自身的思想状态也是高校思想政治教育难收成效的重要原因之一。当前高校大学生的思想意识和政治态度有一定的问题所在。

首先，大学生缺乏对思想政治科学理论的真实信仰。大部分学生表示自己对高校思想政治课持积极主动的态度，但由于我国高校的教育体制以及国家选拔类考试大多倾向于应试教育，因而呈现出重智轻德的现象，学生所表现出来的对思想政治教育积极的学习态度，绝大多数是应付考试或修学分，并非发自内心地接受思想政治教育知识，也并非真正信仰马克思主义等思想政治相关科学理论，由于教学模式和教学方法单一枯燥，与实际联系不紧密，造成了学生对思想政治教育相关科学理论"不实用"的心理暗示。加之信仰对象多样以及家庭环境的影响，大学生甚至出现宗教信仰以及伪科学等封建迷信的思想行为。

其次，大学生缺失高层次的理想信念。随着改革开放的不断深入，社会的利益格局出现了深刻变革，人们对于自身利益的追求更为迫切。这是特定历史条件下社会发展的必然结果。值得注意的是，高校大学生囿于思辨能力和知识储备所限，受社会环境的驱使，更多地将自身利益缩限于个人的物质利益，将自身的发展游离于国家和民族利益之外，抛弃了对高尚理想信念的追求。大学生实现职业理想的目的是追求更好的自身利益和自身发展，这仅是低层次的自我理想，而并非为社会主义事业的建设贡献力量的伟大追求。

最后，大学生价值观存在偏差。当前，大学生受西方思潮而产生的享乐主义、个人主义等负面思想以及在社会主义市场经济影响下而产生的功利主义、利己主义等思想，与我国所推崇优良传统精神形成对立，并展开了对大学生思想激烈的争夺战。部分大学生受多元化价值观和思想的影响，出现了奢侈浪费、攀比心理等价值观问题，导致校园借贷惨剧屡发不止；也有部分学生作为学生干部官僚气息过重，思想腐化，为学生服务意识较弱。

大学生是作为具有独立自主意识和基础知识储备的个体，其知识的吸收和理论的建构不是一个单向度的被动接受过程，而是在对所接触信息的理性选择中发展培育起来的。他不仅是教育的对象，更是学习的主人。尽管在思想政治教育的理论研究和探索中都对学生这一对象的主体地位给予了充分的肯定和拔高，但是在传统教育思想、灌输式德育影响下，大学生往往缺乏自觉主动的学习动机，在思想政治教育工作中参与感弱，处于被动接受的客体位。在课堂上，将"顺从"作为应该遵守的道德规范，只能跟着课本、跟着教师，尽管发言但不敢"发声"，想象力和个性被压抑，不利于与教师在互动中达成"情感共鸣"。在以量化考核为标准的"一刀切"评价体系中，片面追求标准答案权威下的高分数，导致学习信息的获得不是主动选择的结果，忽视了学习过程中情感、思想、技能的多维进步。在社团活动中，受管理体制的束缚，学生自身的兴趣和需要得不到充分满足，不利于培养学生的组织、协调、创新能力，充分发挥其作为主体的主观能动性。

4. 育人资源的思政功能尚未完全激活

高校思政教育工作，以思政课程挑大梁唱独角戏为主，往往局限在思政课堂之内，教学视角比较狭窄，对专业课，通识教育课程等的利用率不高，在教材内容、手段方式、组织结构上没有体现应有的育人价值。长期处于从属地位的实践，缺乏专门的理论性材料作支撑，重形式轻内涵，学生的热情高但收获低，导致育人效果延续性不强。科学研究活动可以容纳的学生有限，以业务工作为主；主体间紧密性不够，导师的科研目标站位较低，道德示范作用不明显，育人缺乏目的性、计划性。由于缺乏专业团队支撑，网络思政在执行层面存在运营难、内容空的现象，其传播速度快、及时高效的特点得不到充分发挥。在心理育人层面，育人方式单调且缺乏系统性，相应的专门化的心理课程、活动和社团较少，大学生能接触的心理教育频次低，严重制约着育人效果。在日常教学活动中，对隐性思想政治教育认识不够具体，浮于表面，在这点上这不利于思想政治教育工作的全面渗透和作用。高校的管理工作一般说来呈现自上而下的管束和控制，缺乏对学生、教师的人文伦理关怀，民主气氛得不到充分展现。后勤服务缺乏与学生的交流，食堂寝室等重硬件修缮，轻软件熏陶。学生资助工作仅仅停留在解决物质需求，在评估、审核过程中以学生的物质条件贫乏与否为主要切入点，忽视学生的人文精神缺失，供给方向单一，缺乏针对性。组织育人在从上级组织向下延伸传递时育人效果"层层递减"，基层组织在地位上往往被边缘化，整体性不明显。

系统是马克思主义唯物辩证法中的重要范畴。系统之所以具备各子系统不具备的功能的原因在于系统中内涵各子系统之间的相互联系、相互制约、相互影响的关系，而系统整体性功能的发挥也正依赖于各子系统之间的良性互动。但目前高校各育人资源之间缺乏联系，呈现各自为政的松散体态，体系的合力作用收效甚微。

(1) 顶层设计不完善

一些高校在实施思想政治教育的过程中，尽管建立了联动育人机制，但是工作规划相对简单、抽象，思政政治教育的中心主题不明确，缺乏育人相关的具体目标、任务和分工说明，导致机制形同虚设，难以有效汇集思想政治教育力量。具体来说各部门各机构受困各自所处领域的既有制度、体系和语言习惯，教育惯性影响其难以突破，各育人资源配合度不高，缺乏信息沟通，育人功能出现重合，系统内部产生摩擦和内耗，子系统间不但没有组成互为补充、互为支撑的稳定结构，相反还消减了育人合力的生成。其次，过度依赖国家政策、文件的指导，教学决策和推广生硬，缺乏自主性，与当地地方特色、校园文化历史和生源质量水平结合不紧密，思想政治教育工作的适应性不足。此外，相应的监督、评估和激励保障机制不统一，思想政治教育工作的内生动力不够，难以实现真正意义上的合力育人。

（2）投入配比不协调

思想政治教育工作不管从其本质、特性和教育的内容方面来看，都属于软工程，但在教育过程中和方式的使用选择上需要依赖相应的硬性条件做基础。目前我国高校大多设有思想政治教育专项经费，但在经费的申报、审核、使用、监督程序中绩效导向微弱，经费的利用效益不高，专职思政教师、辅导员等的待遇较专业课老师不足，相关教育平台建设进度迟缓，与客观需求不符。另外，大多数高校在专职思政理论教师、辅导员的人员配比中严重失衡。人的精力是有限的，在面对基数大、差异大的学生群体时，思想政治教育工作的针对性和有效性将会大打折扣，常常在问题出现时会有人员缺位的情况。

5. 思想政治教学形式"以活动促动机"

教学内容的落实、教学任务的完成总需要一定形式的课堂或者其他教学方法来实现。近年来学校教育开始注重以学生为主体，课堂形式的重心开始向学生交流谈论为主偏移。为激发学生学习动机，学校开始用一些奖品、积分等激发出学生积极的状态，期望以此来激励学生去认真学习知识、提高能力。其中活动式教学法作为一个比较新的教学方式得到很多学校的推崇。但是对于活动式教学也是需要注意"度"的问题。活动是激发学生兴趣，引发学生独立动手实践完成任务的好方式，可是如果在课堂中活动滥用往往本末倒置，引起负面效果。因此对于教学形式的转变中对于教学内容教学阶段的针对性问题还需进一步完善。关于用活动等新颖形式激发学生学习动机问题也需要进一步探讨。

6. 思政课堂教学生成性

思想政治教学不同于其余学科的学习，它有明确的核心理念的教学内容倾向，是对某些思想内容的强化和灌输。因而很多思想政治教学课堂中经常会出现设计性过强，局限范围过窄的问题。二十一世纪不可避免的全球化影响和改变了包括教育在内的人类生活的方方面面。我们越来越受到多元文化与知识的渗透，对于思想政治教学的生成性问题应该有一个更合理的态度。

（二）高校思想政治教育观念有待创新

观念作为行动的先导，在不同的时代背景下所体现出来的内容尽相同。新时代背景下,高校教育工作者在教育过程中所表现出来的传统的教育观念,相较于当代热衷于追求新颖事物的年轻一代,显得格格不入。

首先,大部分教师对于教学过程中的模式和方法依旧是保留着传统教育的老套观念,对于运用新媒体、网络教育等学生所热衷的时代化产物接受度相对较差,运用到教学过程中的成效微乎其微,无法将其物尽其用,充分发挥出教育的影响力。新时期意识形态工作论述所体现的科学观点和方法,是时代化背景下全党集体智慧的结晶,是在面对我国意识形态领域出现的新情况而做出的实事求是的正确思量和果断决策,正是因为内容充分体现了时代化元素,才能更具针对性地处理和应对我国意识形态的各种问题和挑战。同时,其关于人民性的论述也其实高校应注重创新以人为本教育理念。当前高校思想政治理论课大多以"百人大课"的形式开展,教师无法关注到学生的个体思想需求,降低了高校思政教育的实效。因此,高校思政教育者应多从时代化教育以及新受众的思想行为特点入手,因材施教、实事求是地进行教学模式的创新思考。

其次,部分教师依然保持传统师生关系的旧观念,未能随时代的发展建立起新型的平等师生关系,在教学过程中以严肃的形象和话语威慑学生保持良好的课堂学习状态,学生有疑惑而不敢言,无法形成教育的良性互动。高校思想政治理论课内容本身枯燥,加之师生间互动交流太少,思想政治教育的亲和力和说服力得不到彰显,加深了学生对于思想政治教育枯燥刻板的印象。这也是影响思想政治教育成效的另一重要因素。

最后,在"课程思政"教育模式的落实过程中,大部分高校存在形式主义的问题,教师在教育过程中未能将思政知识内容有机地融入专业课程中,存在思想政治教育与其他专业课仍然是两个独立部分的昔日窘况。

(三)高校思想政治教育机制有待完善

健全且良好的机制是高校思想政治教育工作达到最佳成效的有效保障,可见健全的机制对于高校思政工作的重要意义。

1. 高校思想政治教育课程机制不完善

高校思政理论课发挥了极大的教育影响。但据调查,部分高校对于教材的更新和最新政策、最新会议精神传达不是很及时,这就造成了思想政治教育内容以及会议精神内容传达的延时。作为思想政治教育的"主渠道"，高校思政理论课务必及时将马克思主义中国化的最新理论成果加入教材、贯穿课堂并扎根于学生心中。同时，前文所提到的，"课程思政"存在形式主义，同样是由于思想政治教育课程机制不完善，对课程思政的开展没有明确的制度规定。

2. 高校思政队伍考核机制不健全

高校思政教师是对大学生进行思想政治教育的主力军，因此务必要完善对思政教师工作内容和教育成效的考核机制，才能敦促其更好地开展教学和提升自身水平。目前，高校对于思想政治教师的考核重点依然是科研项目以及论文发表数量等学术方面的内容，而真正作为思政教师核心工作内容的育人成效考核以及自身思想素质、知识理论水平的考核却没有明确的制度规定。再次，高校协同育人机制不完善。当前高校思政教育队伍的主要力量来自于思政教师以及辅导员老师队伍，并未做到全员育人，协同育人机制流于形式而未能确切落实，高校教育教学与思政教育的衔接度和配合度不高，无法凸显出高校思想政治教育在高校育人工作的重要地位。

3. 思想政治教育网络化机制不健全

作为时代化背景下的新产物，网络以其便捷、迅速和高效的教育特点，成为思想政治教育的重要载体，不仅能够延长教学过程，同时增强了教学影响。但在运用和监管过程中缺乏相关机制。一方面，从调查结果来看，一半的大学生对于学校是否开设网络思想政治教育平台并不明确，可见高校思政教育对于网络的运用机制及管理机制并没有深入到学生心中，网络思政教育平台形同虚设，对其的运用和管理流于形式而非充分发挥其促进教育成效的作用，学生的认可度和接受度相对较弱；另一方面，新时期意识形态工作论述中的网络论述强调了网络对意识形态工作和建设的重要性，对于高校思想政治教育而言更应该关注到网络的正负影响，在利用好网络的同时，也要注重完善高校网络防御机制和舆情预警机制。目前高校对于校园网络的监管也没有形成成套、合理且科学的监管机制，对于校园网络疏于管理。在2020年疫情期间，各类高校更大规模地运用起网络教学平台进行线上教育，这次的疫情成为网络进入教育教学的助推器，但不免看出各级各类高校在面对疫情出现时将网络运用于教学的仓促和生疏，可见高校在日常当中并未建立健全网络化教学体制机制。

（四）高校思想政治教育环境需净化

1. 社会环境

从社会方面来看，一方面，改革开放的深入以及全球化趋势的不可逆转，致使众多西方资本主义所谓的自由、民主思想涌入我国，部分民众受其影响，言语和行为都表现出"国外月儿圆"的思想趋势。同时，改革开放的不断深入也造成了我国利益格局的嬗变。高校大学生的知识储备和思辨能力受限，受社会中西化思想的影响，对于西方的政治、文化和社会环境都充满了好奇和向往，表现出较为强烈的兴趣。另外，社会利益格局的变化也使得高校大学生的逐利性更强烈，在三观还未健全的阶段受到如此大环境的影响，使其对思想政治教育的内容产生疑惑，呈现出理想信念模糊的状态，严重妨碍了高校思想政治教育的顺利推进。另一方面，不良社会风气、道德失衡的现象和因素对思想政治教育提出了巨大挑战。社会的不断进步和发展，人们的思想也随之出现了潜移默化的改变，社会各方面因素的嬗变导致人们的思想问题也日益凸显，给思想政治教育带来了巨大阻力。社会中诸如此类的不良思想和行为，与高校所开展的思想政治教育内容形成鲜明的对比，高校大学生思想意识尚未浅薄，严重干扰了学生的认知，造成学生对于思想政治教育内容与现实情况的矛盾化心理，对思政教育内容和德育内容产生疑惑，给高校思想政治教育工作的开展严重设障。

2. 校园环境

从校园方面来看，在高校学生的学风以及学生工作的作风上存在影响思想政治教育的消极因素。近年来，大学生在学习中也表现了强烈的功利心，如部分高校学生为了获得评奖评优等荣誉称号，学术造假，给高校的学风造成了极大的负面影响。此外学生干部工作作风也受功利主义、个人主义以及社会家庭环境的影响，出现趾高气扬的办事态度缺乏服务意识，丢失了作为党员和学生代表的理想信念，影响学生干部队伍整体建设，间接影响着高校思政教育工作的开展。

3. 家庭环境

从家庭方面来看，一方面，学生的家庭成员的错误的政治站位和思想意识会直接冲击到学生的思想，对高校思政教育工作的顺利推进提出考验。这对高校思政教育而言无疑是巨大的挑战。另一方面，家庭成员的一些非科学的行为也会对大学生的思想产生影响。如家庭成员定期参加或举办一些封建迷信的非科学活动，让学生产生思政学习内容和生活现实及其矛盾的心理，极大地冲击着学生的思想，这对高校思政教育而言无疑是巨大的挑战。

二、存在问题的原因

（一）社会层面

1. 社会偏见影响了高校思想政治教育的效果

多数家长受实用主义因素影响，认为把孩子送到学校就读就是要学专业课，把最终是否能找到工作作为最终目的，进而忽略了思想政治教育对学生做人方面的培养，这些都阻碍着高校实施思想政治教育的效果。高校生正处于世界观、人生观、价值观形成的关键阶段，如果教师只关注学生在学校的专业课能力的培养，家长只关心孩子是否能找到一份工作，对孩子思想政治教育的培养不够重视，要求很低，致使学生在校期间对思想政治教育的认可度不高，这种偏见会对学生的整体素质培养带来负面的影响。也正是由于社会、家长以及教师的重视程度不够，学生对思想政治教育的积极性主动性就很欠缺。学生在思想政治课上的表现有很大一部分原因来自于社会及父母这种片面思想，这种思想似乎在社会和家长的影响下在高校学生中司空见惯，这些偏见都偏离了教育的本质。

2. 新时代思想政治工作环境新挑战的影响

思想政治教育工作环境，对高校学生的思想品德的形成有着不可估量的影响。当前，我国处于经济转型的关键期，全球信息网络化加速推进，新时代思想政治工作环境面临不少新的情况，这也为现如今高校思想政治教育提出了一个前所未有的挑战和机遇。《关于加强和改进大学生思想政治教育的意见》中强调为开展大学生思想政治教育工作创造优异的社会环

第二章 高校思想政治教育现状分析

境①,这不仅包括外部的环境同时有内部环境的作用。所谓外部环境,不仅包括家庭、学校,最重要的是社会环境。随着社会的快速发展,网络信息技术的迅速覆盖,使思想政治教育的外部环境变得更加复杂和特殊化。高校学生在校期间,能随时从网络信息中心接触到各种各样的信息,这些信息良莠不齐,尤其是一些拜金主义、享受主义等严重地阻碍了学生形成正确的世界观、人生观和价值观。高校学生他们的年龄并不大,也并未走向过社会,思想比较单纯,同时自我判断是非的能力较弱,很容易受到这些不良风气的影响。所谓内部环境,最主要的就是高校在思想政治教育工作中运用的教育形式、途径和方等。网络信息时代的思想政治课从教学手段和教学内容上有均有显著的改变。传统的课堂教学模式无法激起学生的学习兴趣,反而产生逆反心理,十分影响思想政治课的教学效果,新的教育手段必须要借助于强大的网络信息,但是网络具备着民主性的特点,这对于思想政治工作者来说挑战比较大。开放的网络环境既可以在教学过程中使思想政治教育课变得共享、开放、方便,学生不仅可以利用网络迅速获取索要学的知识,也能拓宽自己的眼界,增进学习的动力。然而这也给高校院校内的思想政治工作带来了很大的难度,网络这一多元化的学习方式,逐渐削弱了老师的主导地位,思想教育工作者也必须要及时更新网络知识,否则其能力很难满足新时代思想政治教育的发展。

(二)学校层面

1. 理论教育不能满足学生的期待和成长需要

在部分高校里,思政老师工作量很大,不能顾及学生的思想政治教育,老师更多地关注到学生学业的发展而忽视了自身思想道德素质的培养。部分教师教学内容繁重,在教学过程中利用单一的教学方法,使思政教育课内容过于空洞,打消了学生们的学习积极性,并且把理论与实践脱节,无法统一学校和社会的共同教育。,历年来高校的思想政治教育者始终遵循显性教育的教学方式,按照学校制定的教学进度有规定有计划的传授思想政治理论知识。但这种教学方式往往忽视了学生的主观能动性,只注重道德规范,大多通过书本,课堂教学等载体进行教育,理论性较强,

---

① 出自 2004 年 8 月 26 日中共中央国务院发出的 16 号文件

忽略了受教育者的人文关怀。党的十八大报告中强调加强和改进思想政治教育工作的前提是要注重人文关怀①，这就要求高校中的思想政治教育工作者要把学生放在学习的主导地位，与学生多互动交流，利用先进的科学技术，让学生打破传统教育学的模式，更新教育观念，转变教学模式，用实践将思想政治教育上升到更加有高度的认识中，这就是我们倡导高校对学生进行思想政治教育时使用的隐形教育的方式，这种教育方式善于把思想政治教育同社会实践结合起来，融会贯通，对学生进行启发、暗示、熏陶等方式。这种无形的方式具有开放式的特点，空间不受限制，更加灵活。

2. 思想政治教育体系有待完善

高校思想政治教育体系的构建需要参考很多个标准，不但要符合教学大纲的要求，还要符合社会人才的具体需要，因此在教育理念的确立过程中，就会面临很多种问题。高校的学生寄宿在学校，教育工作者不但要做好学生的教师为他们解决学习上带来的困难，更要做好他们的父母解决心理和情感问题，因此教育体系的确立需要以人为本，真正关系到学生的方方面面，关注学生在学习和生活方面的需求。现阶段的教育体系，对教育工作者也做出了明确的需求。在完成课堂要求的条件下，关注学生的私人情况，多对学生进行积极健康的引导。但是这样的教育体系也增加了教育工作者的工作难度，加大了他们肩膀上的责任。长远来看，这种教育体系并不适合所有的院校。高校思想政治教育体系仍然有很多问题需要解决，需要教育部门和社会的共同监督与全力支持促进学校的改革进程。当前高校思想政治教育首先需要解决的是组织体系和内容体系，一定要通过一些创新的方法手段，组织学生进行系统的学习，提升思想政治觉悟。

3. 高校思想政治教育工作者不适应

当前互联网已经广泛运用于高等院校，高校教育工作者应当随着互联网技术的发展产生实质性的改变，高校思想政治教育工作者亦是如此。然而，高校思想政治教育工作者在"互联网+"时代，并没有从一开始就做到"因时而变，随事而制"，而是经历了一个长期被动地接受过程，其局

---

① 出自2012年11月8日的十八大报告《坚定不移沿着中国特色社会主义道路前进为全面建成小康社会而奋斗》。

限主要表现在以下三个方面。

（1）思政教育工作者缺乏互联网思维

传统的高校思想政治教育过程中，教育者通常采用封闭、被动型的思维，但随着互联网的迅猛发展，各类互联网信息平台各显神通。在这个全面开放共享的时代，部分高校思想政治教育工作者跟不上形势，在初期始终无法接受"互联网+"时代教育理念已然发生改变的事实，缺乏现代互联网思维，甚至在教学中仍旧采用过去传统的教育理念。

（2）思政教育工作者缺乏信息筛选能力

当前互联网信息平台中的信息资源鱼龙混杂，而高校思想政治教育工作者的筛选能力受自身知识水平的限制，互联网中信息平台中的"暴力信息""诈骗信息"以及"消极信息"等让许多教育工作者对互联网产生了消极情绪。

（3）思政教育工作者缺乏利用互联网的能力

比如有的老教师不能充分利用互联网获取教学信息，不会用互联网信息平台进行教学资源的编辑整合，也不能熟练运用互联网信息平台进行思想政治网上教育，同时不少思想政治教育工作者不了解新时代的网上语言，无法与大学生形成互动和共鸣。

（三）学生层面

1. 大学生自身存在局限

目前，高校大学生通过互联网信息平台进行聊天、娱乐和学习的时间越来越长，但能够熟练运用互联网信息平台进行学习的却并不多。互联网的开放性、共享性等特点给大学生获取思想政治的相关内容带来了便利，同时也给大学生之间、大学生与教师之间平等的思想交流提供了便捷的渠道。然而，正是基于互联网开放、自由的特点，使得大学生在没人监管的情况下并不能合理利用互联网信息平台进行思想政治教育课程的学习，其原因有两个方面。

（1）大学生的自控能力较弱

当前的大学生处在互联网繁荣的时代，无论是学习、交流、娱乐、购物还是出行都离不开互联网，一方面脱离了管控，另一方面大学生自控能力弱，我们可以发现大学生易沉迷网络，大学生越来越依赖互联网，大学生的上网时长逐年增长，未来还有继续增长的可能。

（2）大学生道德法律意识薄弱

互联网的开放性和共享性使得信息的发表和获取变得十分容易，表现出"无屏障性"的特点，同时互联网信息平台给大学生提供了一个有匿名功能的虚拟空间，大学生可以隐藏自己的真实名字在平台中进行学习和信息的发表，他们可以不用在意他人的看法和评价，但是由于缺乏相关法律规范，大学生不认为自己的造谣行为要承担相应的法律责任，所以在微博、微信、公众号等平台中发表自己的观点和意见时，大学生受到其他思想的影响，也跟风的发布一些不实的消息，带来的严重后果是大学生无法预料的。

2. 思想动态的多样性

在高校中，生源主要来自于三个方面，一是参加高考入学的高中生，他们经过了高中阶段的学习，并且接受了普通高中的教育。二是单独招生的普通高中生，这些孩子文化基础薄弱，通常是在高中阶段成绩很差的孩子，他们对参加高考统一考试信心不足，只是通过高校的单独招生考试进入到学校里，这些学生他们自身觉得自己与普通参加高考的学生没有差别，实际上他们无论是在文化课和思想意识上都落后很多。三是没接受过高中教育的中专生，这类学生在初中阶段就不爱学习，学习态度比较差。这样的复杂和多元的生源，除了在文化方面有差别，在自我控制力上也参差不齐。这种生源的多样性，导致了学生们思想政治动态的多样性。目前中国正处于社会转型期，经济圈区划，网络信息的迅速发展，也促进了人的思想观念的不断进步，同时也引发了利己主义、拜金主义、享乐主义的思潮，历史虚无主义等思潮的影响，这些思想极大地满足了高校大学生的好奇心，容易让高校学生在无形中否定了马克思主义的信仰，削弱了他们对中国共产党的认同，阻碍大学生树立正确的世界观和人生观，同时使得高校里思想政治教育工作面临着极大的挑战。思想动态的多样性需要辅导员或者是思想理论课的老师不仅要从表面上灌输他们思想政治对他们未来的作用和影响，同时要更深层的关注他们的思想动态，从学习和生活两方面同时着手，这也给思想政治教育工作者的工作提升了难度。

3. 网络资源的依赖性和生活缺乏独立性

网络对于高校学生的负面影响偏大。这种依赖于电子产品沟通的现象，严重影响到生活中的交际能力。当今是一个经济繁荣，物质条件优越的时代，学生们的思想观念和价值观都呈现出多样化的状态，高校学生心理尚未成熟，他们消费观念超前，但抗挫能力不强，存在价值观混乱的情况。高校大学生在家中受到过度保护，严重缺乏独立意识，缺乏生活阅历，不能够脚踏实地的学习，在这种负面思想的影响下，学生们对自身能力产生怀疑，极易出现自卑心理。

第三节 教学改革阶段的机遇

一、信息化为高校思政教学改革带来的机遇

（一）有利于实现大学生个性化教育

对个性化教育的定义较为权威的机构是国际个性化教育协会是指对被教育对象进行综合的调查和分析，充分挖掘被教育对象的潜质，并为其量身定制教育计划。传统的思想政治教育教师占主导地位，以教师的课堂讲授为主，虽然近年来教育教学在形式上有不小的创新变革，但依旧没有改变所有学生都使用一样的教材做同样的习题的现状，所有的学生都具有统一的标准，受到同样的待遇。正如工厂的流水作业一样，生产出标准化的零部件，这会使学生丧失自主能动性，不利于学生的素质教育，而为使学生实现个性化教育，大数据的使用使得"一人一份方案"成了可能。

1. 建立适应性学习体系

适应性学习体系是指根据知识的扩散程度，学生的心理发展以及学生感兴趣方向而不断变革和优化教育内容和教育方法。通过对众多教育主体采取不同教育方法的效果调查，针对调查结果的不同，根据学生的个体差异，制定不同的思想政治教育策略。在小数据时代，教师会凭借自己的主观经验和感受对学生的思想和行为做出判断，但教育主体无法做到对每一位学生都能做出准确判断，处理教育者的主观判断，小数据时代还会根据学生的试卷，回答的问题来收集学生数据信息，但数据采集有限、分析不

能全面，使得高校思想政治教育提升有效性存在困难。大数据时代，我们可以根据学生的上网次数、浏览记录以及消费情况等大量生活和学习的数据，更有利于让教育者充分了解学生，制定出适合学生的思想政治教育方案。

2. **私人订制推荐技术的发展**

大数据的最显著功能就是预测功能，能够对未知进行预测，前提是采集大量的数据信息。高校思想政治教育可以利用大数据采集学生的日常信息数据，比如，去图书馆次数、经常借阅的书籍类型以及还书状况等出入信息数据。分析出学生喜欢的书籍类型，从而为学生设计出专属自己的推荐书单，还可以运用大数据技术对学生思政课听课与教师互动状态以及课后作业的完成情况实时掌握动态信息数据，可以根据这些动态数据完善教师上课形式，有针对性地为教师提出教学方案，也会有针对性地为学生提供学习策略，从而提升师生互动效率，培养学生自主学习能力。

（二）有利于拓展思想政治教育视野

大数据时代的到来为传统的思想政治教育提供了一个全新的学习环境，提供了一个全天候的数字化世界。由于互联网的深入发展，各种数据信息已经将学生包围，已经成为不可或缺的生活方式。而大学生这个群体是极具活跃的群体，更容易接受新事物，受环境影响大，这样的青年人处在数据丰富的大数据时代，能够通过大量的即时性数据信息充分调动其积极性，挖掘其内在潜力，从而引导学生树立正确的三观。不同以往传统思想政治教育的是信息的传播已然不受时间和空间的限制了，这会使大学生接收到更多更前沿的信息，从而拓展大学生的思想政治视野。

1. **数据信息突破时间限制**

无论是教育者还是大学生群体，每个人的精力都有限的，无法将过去、现在、未来的知识都深刻了解和挖掘，受数据处理技术的限制，如果想要学习进步，大部分的学者都会选择向其他学者请教或在图书馆查阅资料。现今只要动动手指就可以在任何有网区域获取到你想查阅的信息。极大程度的节省了时间，如遇到需要研究的问题，还可以通过线上交流发表自己的意见，了解其他学者想法，为研究者提高更多的灵感。海量数据信息便于大学生查阅资料，增加了大学生的学习资源，从而拓展了大学生的视野。

2. 数据信息突破空间限制

传统的思想政治教育以固定的学校班级授课为主,大数据时代将班级授课和网上学习相结合,形成线上与线下的联动效应。课堂将不是大学生接受思想政治教育的唯一阵地,可以通过网络信息数据共享将大数据挖掘信息功能引入课堂之中,将传统课堂转移至网络互动平台。增加了大学生思想政治教育信息,拓展了大学生眼界,更有利于通过线上线下的结合教育,让大学生对思想政治教育内容掌握更深刻。

除此之外,数据信息的收集不仅仅停留在国内,还包括国外的许多先进知识与经验等,足不出户就可以获取详细信息,丰富了大学生的知识储备,有利于活跃大学生的思维。大数据时代的到来,大量有价值的数据信息出现在我们面前,为思想政治教育工作提供了很多便利,不仅使大学生牢固自己的专业理论知识,还拓展了其他领域的能力,更使大学生向全面的素质人才方向发展。

二、大数据技术为高校思政教育改革带来的机遇

(一)有利于丰富思想政治教育资源

首先,传统的思想政治教育资源主要存在于教材上。教材是学生获取教育信息的最主要来源,然而教材往往是对政治理论的凝练和集中表现,对于即时性发生的事件往往存在滞后性的弊端。大数据时代信息数据丰富,高校的思想政治教育工作可以根据这些海量信息从中获取有用信息,作为思政教育资源运用到课堂教学当中,同时学生也会因这些网络数据信息结合自身兴趣进行学习活动,有利于激发学生的积极性和主动性,让学生化被动为主动。

其次,大数据的运用为我们大学生的思想政治教育提供了很多各种各样形态不一的学习资源。其中包括多媒体资源数据库、校园网数据库、互联网资源等等。比如有网上图书馆,可以在网上图书馆阅读电子图书以及各类期刊,还可以利用学校专门为学生提供的校园网,通过校园网可以学习其中的教学课程和一些学者数据库等。除此之外,学生还可以利用互联

网在一些论坛、博客上相互交流学习。大数据时代为我们提供了多种多样的学习方式和学习资源，学生们也会由接受简单的文字，变成接收图片、影像、文字、声音相结合而成的动态资源，使学生接受数据信息更加生动形象，一改原来学习内容的枯燥感，更有利于学生的吸收和掌握。

最后，大数据具有数据价值含量高的特点。网络数据信息是参差不齐的，这使得数据信息是需要经过提炼的，才能够被高校思想政治教育运用，因此被保留下来的数据资源是可以利用的，可以让学生了解多种类型的知识，也可以通过各个方面的社会资讯，对大学生进行更具生活化的教育，通过信息技术对有价值信息的挖掘，学生会得到水平较高的信息资讯。例如，通过大数据对数据信息的采集、整理和分析，学生可以自主利用一框式搜索，了解各种就业现状和行业信息等。合理的搜索会让大学生迅速找到自己感兴趣的信息和相关专业资讯，让学生在潜移默化之中掌握更多有效信息。

（二）有利于构建思想政治教育新平台

这一新型平台的出现解决了学生与教育者之间的诸多问题。首先，大数据时代教育资源丰富，为思想政治教育者提供了海量的教育素材，提升了思想政治教育学科的即时性，丰富了思想政治教育的内容，使其更加贴近学生生活，也有利于思想政治教育教学工作的顺利展开。其次，教育者可以利用大数据收集学生生活信息，了解学生动态，寻找校园"孤独"学生，经过调查在这些学生中有将近17%的学生有心理障碍，通过数据收集了解这些学生的日常行为，对这些学生进行关爱教育，有利于将思想政治教育落到实处，还可以对这些学生进行实时追踪，及时掌握学生数据信息。除此之外，教育者还可以利用各种移动通信设备，通过网络更方便快捷的帮学生解决各种问题。教育者新平台的构建，对提升思想政治教育的有效性做出了重大贡献。

三、高校全方位思政育人体系构建带来的机遇

（一）强化价值引领

从价值引领的作用上看，任何一个时代，一个社会的发展进步都离不

开价值引领的强大感召和激励，科技创新、全球化互动正在改变着我们的生活状态和交往方式，充分发挥社会主义核心价值观的价值引领的作用是当前应对多元思潮冲击的强心剂，是维护我国一元意识形态的稳定器。在社会主义核心价值观的共建共享下，我国越来越多的公民自觉地建立起强大的"中国信念"，培植起深厚的爱国主义情怀，推动着我国向着中华民族伟大复兴的中国梦不断奋进。一个群体内部具有强大的价值导向吸引力，可以强化主体的角色意识，明确责任边界，增强群体凝聚力和自信心。从思想政治教育的学科特质来看，思想政治教育与其他社会自然科学不同，其实质是在观念、思想、精神层面对公民进行影响、改造的哲学社会科学，是知识内化与行为外化的双重同一，因此，高校在进行思想政治教育工作的每一个环节中，更要充分认识到价值引领的重要性。高校全方位思政育人体系的创建，首先需要明确体系中主体需要遵循的共同的价值原则和导向，始终把立德树人作为贯穿所有环节的红线，牢牢把控正确的教育教学方向，抓住学生与教师这两个主体，在"共情"中强化思想政治教育主体对自身身份的认同感，打通各主体间的情感通道，激活其主体育人力量"心往一处想"的同时，确保最终形成的思政育人体系合乎规范，向着正确的道路和方向迈进，从而保质保量地完成时代、社会、国家、党所要求的思政教育工作的目标，构建高校思政教育工作的同心圆。

（二）挖掘资源功能

思想政治教育从来都不是由单独存在的几个点所构成的，它不仅仅是高校或者专职思政理论课教师的专属任务，或是只局限在课堂之内的工作，而是一个由多因素教育资源联动参与其中产生作用的有机系统。马克思主义系统观告诉我们在认识、处理和改造事物的过程中，要以整体、全面、立体的眼光代替线性思维，要注意事物的各个方面，遵循其层次性，分析层次数量、顺序对整体功能的约束限制。思政育人工作的开展建立在于对"十大"教育资源的挖掘和利用的基础之上，对于各个教学育人资源的挖掘是否足够深入、使用是否足够合理，都将会在很大程度上影响到思想政治教育工作成效以及教育体系的纵向延伸。在高校全方位思政育人体系的开展构建过程中，要充分发挥能够对思想政治教育发力的每个子系统的育人功能，务必要深入到各个角度来对思政育人资源进行评估整理，拓宽思政教育渠道和方式，尽可能地做到在提升高校思政育人工作的资源选择空间，在提供创新教育平台和手段的同时，无死角、无断层的提高育人资源的价值功能，在"共建"中增强推动实际效能最大化，强化高校思政育人体系的可操作性。

（三）坚持协同联动

在各要素单独孤立存在时，拥有其特殊意义内涵的"质"，但因为某种联系与其他部分相结合成为一个整体而存在时，其个体的"质"就会转变为大于原质的新质。整体的功能发挥并不是简单的各个部分功能的叠加和陈列，离开整体和部分的关系，谈提升高校全方位思政育人体系的成效是不明智的。体系化是实现思想政治教育真正价值性的本质要求。在价值诉求明确、导向一致的情况下，高校全方位思政育人体系的优化必须理清各子系统间的工作机理和内在联系，实现各部门、各机构间的资源共享互通、信息交流互动，才能最大限度地发挥出高校全方位思政育人体系的整体功能，将高校全方位思政育人体系健康持久的运行下去。因此，不仅要在顶层设计中，通过规划、分工构建齐抓共管的管理格局，统一领导，降低各育人资源之间的重合性，减少内部消耗。在人力、物力合理分配上，要从制度建设、学科支撑、教师队伍建设中完善保障机制，促进各育人资源同频共振，纵向延伸。而且，最关键的是在强化内生动力建设上，要从动机激励、过程监督、结果评价体系中加强高校全方位思政育人体系的反馈调节机制，提升体系内驱力，不断推动体系实现更新升级。也只有这样，才能推动各机构、要素由条块分割在协同联动中走向一体化建设，以"一盘棋"的意识搞活思想政治教育工作，在"共进"中切实提升高校思政教育工作的成效，实现高校全方位思政育人体系的可持续发展。

四、立德树人思政育人体系构建带来的机遇

从目的性质上看，立德树人不仅强调德行的培养，更加强调成人的塑造，这与思想政治教育工作旨在实现人对"物的依赖"向"自由个性"回归的本质是一致的。从结构层次上看，立德树人在实践中需要遵循教书与育人、教育与自我教育、政治理论教育和社会实践、解决思想问题与解决

实际问题、教育与管理相结合的基本原则，具体落实可以分为三个层面，即理论精神层面、制度法规层面以及实践活动层面。在理论精神层面中主要包括了教学课程、校园文化以及审美艺术三个方面的途径与方法；在制度法规层面中包括了相关法律规范、规章制度机制以及管理服务三个方面；在实践活动层面包括了整体合力、礼仪规范以及实践活动的三种途径与方法，这些内容均与高校全方位思政育人体系的创建之间具有严密的契合性。因此，高校要始终紧紧围绕立德树人这一价值导向对全方位思政育人体系进行建构。

（一）坚持德育先行的原则

1. 铸牢理想信念

以立德为根本，坚持德育先行的原则，首先要求立大德，铸牢理想信念。所谓立大德，指的是要铸造大学生坚定的理想与信念之德。树立马克思主义信仰、共产主义远大理想和中国特色社会主义共同理想，坚定四个自信，这不仅是高校思政育人工作的重要内容，更是统摄"德智体美劳"全面发展中的重要精神支撑。全国教育大会上，习近平总书记提出要将大学生培育"成为有大爱大德大情怀的人"[①]。大学生作为社会主义事业建设的生力军，崇高的道德水平与修养是最为基础的发展要求。在国内外多种思潮暗流汹涌的当下，一些西方国家及破坏民族团结的不法分子质疑马克思主义理论的科学性、质疑社会主义制度的优越性，企图对我国进行分化、西化。在充斥着鱼龙混杂的海量信息的互联网环境之中，这一定程度上对求知欲强、三观正处于成型期的大学生在塑造坚定信仰和民族自信层面造成了一定冲击和影响。如果大学生不能树立正确的理想道德信念，那么在成长过程中极有可能会被外界的诱惑所腐蚀，甚至可能会自甘堕落。因此，在高校全方位思政育人体系的创建工作中，必须要紧紧围绕立大德这一根本要求，将理想信念的塑造置于首要的地位，引导学生厚植爱国主义情怀，热爱和拥护中国共产党，对马克思主义"真信、真学、真懂、真用"，做到心中有爱国之情，手中践爱国之行。

---

① 引自 2018 年 9 月 10 日，习近平在全国教育大会上的讲话.

2. 严守社会公德

以立德为根本,坚持德育先行的原则,其次要求立公德,严守社会公德。社会公德是每一个社会成员都必须要遵守的基本行为准则,是有效调节人与人之间的利益冲突和矛盾的约定俗成的隐性规则,是营造良好社会风气的一般手段。大学生作为社会主义事业建设的主要后备接班力量,每一个个体所代表的都是整个高层次人才群体的形象。在校园这个"小社会"的环境中,推动其养成良好的公德习惯,可以帮助大学生在更好地适应社会规则的基础上发挥好模范带头作用,推动整个文明社会风气的营造。就当前情况来看,校园失德失信情况时有发生,甚至一些违背社会公德的行为产生了群体性蔓延的迹象。例如,拖欠助学贷款、破坏教室公共环境卫生、逃避参加集体活动、缺乏集体荣誉感等,在校大学生的社会公德整体水平仍然需要进一步的提升。因此,在高校全方位思政育人体系的创建中,要注重社会道德的浸润,引导当代大学生严格遵守社会公德,培养塑造其社会责任感和感恩之心,积极主动承担起当代大学生的社会责任,对我国良好社会风气的营造起到表率的作用,发挥应有的价值。

3. 培养高洁品质

以立德为根本,坚持德育先行的原则,最后要求立私德,培养高洁品质。所谓私德指的是大学生的个人道德品质,每一个大学生个体的道德品质,都将会对大学生整体的道德水平与形象造成影响。培养高洁的个人品质,是高校全方位思政育人体系创建工作的价值追求,也是一项重要任务。高校面向大学生所开展的思想政治教育工作落实到具体层面上,也就是对大学生的个人道德水平所提出的标准和要求。习近平主席在北大师生座谈会上发表重要讲话,提出大学生修德不仅要志存高远,同时也要脚踏实地,"从做好小事、管好小节开始起步"[1],修好私德,要自省、宽容、谦让、助人、感恩、勤俭和自律。引导当代大学生德智体美劳全面发展,教育工作不应在任何一个环节出现缺失,在实际教学实践活动当中,对大学生的整体评价与衡量标准也同样应当以此为准,要把思想认识作为人才评价的重要部分,尤其是将个人道德的呈现事件和动态变化作为不可或缺的衡量因素,而不是把理论专业知识课的成绩作为评价学生的唯一硬性

---

[1] 引自 2014 年 5 月 4 日,习近平在在北京大学师生座谈会上的讲话。

标准。

(二) 培养担当民族复兴大任的时代新人

1. 培养有实践能力的人

培养担当民族复兴大任的时代新人，首先要求培养大学生的实践能力。空谈误国，实干兴邦。通过思想政治教育对大学生的思想观念进行影响，最终还是要回归到实践领域，将其外化为推动社会发展的具体行动。在过去很长一段时间内，高校思政育人工作都存在重理论、轻实践，重知识、轻能力的现象。学校思想政治教育工作集中于专门的思政课程，教育内容主要包括马克思主义理论、毛泽东思想、邓小平理论、"三个代表"重要思想等，对学生学习成效的考核也是以片面的理论知识的考核为主，造成了一些"高分低能""行知分离"的现象产生。习近平总书记全国教育大会上的发言讲话中，在原有"德智体美"的人才培养目标基础上，增加了"劳"这一表述①，充分彰显了我党对于培育时代新人的实践要求。在革命年代有勇于牺牲自己，成全大局的革命者，在建设时期有兢兢业业、勤勤恳恳的建设者，在新时代，也需要有不到长城非好汉的时代新人为社会主义事业添砖加瓦。因此，在构建高校全方位思政育人体系时，强调实践活动能力的培养是不可缺少的环节，要能使学生把书本层面的知识真正意义上的转化应用到实践活动中之中，为大学生道德行为规范的养成起到纠偏作用，将理论知识转化为真实能力，让大学生在自主解决实践问题中提升自身的素质水平。

2. 培养有世界眼光的人

培养担当民族复兴大任的时代新人，要求培养大学生的世界眼光。全球化趋势下，世界各国的联系日益紧密，当前国际形势对我国社会主义建设事业的推进也产生了一定程度上的影响。大学生作为社会主义事业的建设者及接班人，必须要做好了解国际形势、了解世界发展的充分准备，才能更好地服务于社会主义事业建设。自改革开放以来，"走出去"的战略思想便在我国孕育并不断发展；"一带一路"战略的推行，进一步加深了我国与世界其他国家之间的利益关联性，扩大并提升了我国的国际影响

---

① 出自 2018 年 9 月 10 日，习近平在全国教育大会上的讲话.

力；2018年宪法修正案中将"推动构建人类命运共同体"纳入到宪法序言之中，所谓人类命运共同体指的是追求本国利益的基础之上，要对大国合理关切，以本国的发展来推进各国的共同发展。种种迹象表明，中国特色社会主义事业的建设工作，与国际形势、世界发展之间的关联是十分紧密的。"得其大者可以兼其小"①，高校全方位思政育人工作要把培养学生的世界眼光，提高大学生的战略敏锐性作为目标之一，在学生正确认识世界、评价世界的过程中教育、引导学生，使大学生能够以客观、理性的眼光看待世界发展，真实、全面的了解中国在世界中的地位和发展方向，明确趋势，找准位置和切入点为国家繁荣复兴添砖加瓦、贡献力量。

3. 培养有创新能力的人

培养担当民族复兴大任的时代新人，要求培养大学生的创新能力。创新是社会进步的驱动力量，创新国家的建立需要全面提升国民的创新素质。大学生是我国高等教育的培养对象，是社会建设的活跃力量，是推动国家发展进步的新鲜血液，能够为中国特色社会主义事业建设带来全新的视角和眼光。创新能力对于大学生而言至关重要，只有创新才能够深入的挖掘科学的本质，才能为社会的进步注入灵魂。在高校思政育人工作中，要对大学生进行渗透教育，向大学生传递创新的思想观念，培养新时代大学生的创新性思维，为社会发展培育永生力量。当代大学生不能因循守旧，满足于自身的现状，更不能不思进取，要牢牢把握创新的机遇，走在时代的前列，勇敢的怀疑和批判，打破思想束缚，从而才能不断获取突破性的进展。为了能够培养具有创新能力的大学生，在高校思政育人体系的创建过程中，既要以创新性的思维作为指导，对以往的教育理念、教学机制、教学方式方法进行创新和转变，学习更加先进的技术手段，为思政育人工作创造更多的新意，在无形中感染和熏陶大学生的思想，又要让大学生参与到与双创相关的活动之中，培植打破陈规、推陈出新的意志品质，从而以继往开来的精神面貌开辟社会主义建设新局面。

---

① 崔钟雷主编. 唐宋八大家文集 [M]. 哈尔滨：哈尔滨出版社，2011.01.

第三章 高校思政课程改革策略探究

本章的主要内容为高校思政课程改革策略探究，我们依次介绍了三个方面的内容，分别是高校思政课程改革意义、高校思政课程改革策略和多样化的教学融合创新。期望能够通过本书的讲解，提升大家对相关方面知识的了解。

第一节 高校思政课程改革意义

一、高校思想政治教育的基本功能

这个基本功能表现为它对中国特色社会主义思想政治教育教学实践活动的保障功能，还体现在思想政治教育教学实践中的方法功能，同时，它对培育大学生马克思主义价值观点、立场、方法、形成社会主义核心价值观，对践行中国理想信念、价值、精神的入脑入心的教学活动有建构功能。

（一）保障功能

高校思想政治教育教学对培养大学生的中国特色社会主义理论信念、掌握应用马克思主义的价值立场、观点，树立坚定的马克思主义信仰等教学实践活动的顺利开展具有重要的保障功能。

1. 师生顺利高效完成教学任务

思想政治教学作为最基本指导理论之一，其最重要的功能之一就是保障师生顺利高效完成思政课的教学任务。它能够使教师更加深刻地掌握这项教学实践活动的本质和规律，能够帮助学生更好地掌握教学内容，能够帮助达到预定的教学目标和教学要求，从而取得良好的教学效果。

思政教育是我们认识该课程教学实践活动本质与规律的基础。思想政治教育教学是经过科学抽象和高度概括后的概念。人们通过对思想政治教育教学的展开研究，树立正确的、科学的范畴体系，能对教学实践活动有更深层次的认识，有助于揭示研究对象的本质和规律，对师生顺利高效完成教学任务有重要的保障作用。具体体现在两个方面。

首先，它是思想政治理论课教学理论本质和规律的手段与工具，这一教学包含着已有的学科教学理论知识。通过思想政治教育教学的推演，概念的移植等方法，对教学领域的种种关系产生新的认识，归纳总结出思想政治教育教学过程中的新特性和关系，进而架构出新的范畴，由此产生出新的理论。思政教育教学基本理论框架的发展创新是基于范畴的产生和形成，而思政教育教学的产生和转化会对其教学理论产生新的变化。通过不断的研究和发展创新，对思想政治教育教学领域内的现象有一个新的认识，包括特性、关系，甚至是范畴的基本内容等等都会有不同的认识，这就是促进思想政治教育教学理论体系完善和发展的新时期。

其次，它是思想政治教育教学实践活动本质和规律的手段与工具。思想政治教育教学对教学实践活动具有基本的导向作用，它又反过来指导教学实践的发展。思想政治教育教学对教学的思维方式具有引导更新作用，使思维与时俱进。在对思想政治教育的研究、推演的基础上产生出思想政治教育教学的具体内容，这实际上就是思维运动的结果，通过对已经存在的范畴进行深一步的探索，产生新的范畴并揭示其概念。通过对教学范畴不断深入研究，它能对教学中的各种现象的认识从感性上升到理论层面，为思想政治教育教学实践活动指明方向，确保师生顺利高效完成教学任务。

2. 大学生树立正确的理想信念

通过思想政治理论课教学可以使学生完整地、准确地、科学地理解和把握马克思主义的科学理论，避免了对马克思主义理论片面的、肤浅的理解，同时也可以避免或减少某些学生用个别结论、现象代替或否定马克思主义的价值立场真理性等。通过思想政治教育教师用科学的方法向学生讲授思想政治理论这一科学的内容，可以引导学生对科学世界观和方法论的掌握，提高其在实践中运用马克思主义的立场、观点进行分析和解决实际问题的能力，并在实际运用过程中不断加深对马克思主义理论的理解，从而牢固树立正确的理想信念。例如在思修课第一章的内容就是要引导学生树立正确的理想信念。

人们借助思想政治教育教学对其实践过程中出的种种现象、问题、关系都统一到一个有机体里，对其进行全面的、整体性的分析阐释，从而能更好地认识和把握这一系统。把作为思维工具对教学进行指导，帮助学生树立正确的理想信念是研究范畴的重要作用，构建范畴体系，完善思维形态是教学理论研究的重要任务。通过思想政治教育教学指导教学实践活动，对保障大学生树立正确的理想信念有重要意义。

3. 提高大学生的思想政治觉悟

思政教育范畴是通过思维逻辑对具体的现象进行抽象化，而其功能则是把抽象的概念具体化，用以指导实践。换句话说，这一教学就是从逻辑层面展现了教学过程的系统性和整体性，从而构成教学理论的基础。

思政教育的实践活动及相关的理论知识理论进行规范的功能，它是思维从抽象上升到具体的通道，对思想政治理论课教学理论进行规范，保障大学生提高思想政治觉悟及坚定正确的政治方向。目前，随着教学手段的不断发展，实践活动内容多样，形式各异；教学的每一环节产生、变化、发展的基础，对教学中的诸要素的位置、作用都有明确的规定，它对教学的指导作用，是教学效果和目的达成的保障。在思政教育开始前对教师的所采用的教学方式方法也具备指导作用，也是教学方向的重要影响因素，保证教学内容和对学生思想的引导方向是正确的，是与马克思主义所提倡的思想、政治、价值观念保持一致性，保证对大学生培养的是正确价值理念和政治方向，学生通过思想政治教育教学范畴的研究探索，有助于更好地掌握这门课程教学的理论知识，对提高大学生的思想政治觉悟及坚定正确的政治方向有保障作用。

（二）方法功能

思政教育是一门对学生传授具体的科学知识的课程，其教学范畴在本质上是体现对教学过程的方法论指导。思想政治教育教学的方法功能主要包括三个层面，首先是思维中的概念辩证法和对客观世界认知方法，有助于解决大学生成长过程中的各种思想困惑；其次是思维的工具和认知客观世界的中介手段和体现思维的各个环节，有助于促进大学生的全面发展；最后是对现实对象的本质规律和内在关系的规范，能激发思维的超越，有助于建设高校社会主义精神文明素质基础工程。

1. 解决大学生成长过程中各种思想困惑

思想政治教育作为高校思想政治工作的主要场所和阵地，与学生密切相关，承担着微观层面的解惑工作。思政教育是以思想政治教育教学为研究对象的，其是总结和概括这一教学领域内的最本质、最基本的特点和规律，首先就突出体现在其能为大学生在其成长过程中遇到的各种思想困惑时，提供方法指导。思想政治教育教学不是简单的对学生进正面灌输和传播思想理论知识的过程，重点是要在学生的成长成才过程中给予一个正向的引导和解决问题技能的培养，后一部分实际上就是对学生成长过程中遇到的难题困惑给予解答的一个过程。思政教育的特点决定解惑这一方法功能的重要性。

2. 促进大学生的全面发展

当代社会中大学生的思想状况决定这一范畴需要解决大学生的思想困惑。大学生正处于成长成才的重要时期，其思想价值观念处于成形阶段，其学习、生活、社会实践都会给大学生带来各种各样的困惑，甚至是影视作品、社会热点等也会成为影响学生思想情绪的重要来源和途径。只有对学生产生的种种困惑给予积极面对和及时解答，才能真正提高教学的实效性和针对性。面对来自各方面的问题和困惑，思政教育是逻辑的辩证思维，其要求要及时、科学的解答学生产生的困惑，要引导学生坦然面对，要对问题进行全面的把握。要正确面对问题和困惑，它的产生有助于推动学生积极思考，也有助于推动教学工作的改革发展。

教学过程中除了对理论知识进行正面传授的课堂教学，更要重视在传授过程中时刻解答学生在领悟理论知识的过程中产生的困惑，这有助于学生在更深层面认识和把握理论知识，也有助于增强教学中的问题意识引导和提高教学的实效性针对性。思想政治教育教学是对客观世界认知方法和思维中的概念辩证法，帮助解决大学生成长过程中各种思想困惑，要以解决教学过程中的思想困惑为契机，促进学生思想进步和健康成长，也提升自身的亲和力、针对性和实效性。

3. 培育和弘扬社会主义核心价值观体系

思想政治教育教学过程就是运用马克思主义为指导，培养大学生形成马克思主义的价值立场、观点等，亦即是培育和弘扬社会主义核心价值观的一个实践过程，这个实践过程毫无疑问需要理论的指导。这一教学的构建状况、这一教学的发展状况和水平有着密不可分的关系，它是思想政治教育教学的规律的展开和体现，可以通过在对这一规律的学习掌握的基础上更好地发挥师生的主观的能动性，促进学生树立社会主义核心价值观的决心和自觉性，使这一价值观在教学过程中得到更好的培育与弘扬发展。

而学生自觉树立这一价值观的成熟度与对思想政治教育教学展开研究的广度和深度息息相关，的研究直接影响其理论体系的构建，而学生价值观的形成与其对知识理论的认知、坚信有着重要影响，学生对马克思主义理论的认知和认可度越高，其对社会主义核心价值观的认知也就越高，那价值观的培育和弘扬工作的完成度也就越高。思想政治教育教学改革发展不断开展，其教学实践活动的形式和内容越来越多元化，教学的针对性和实效性的要求不断提高，在体系中的位置和作用也会相应发生变化，高校思想政治教育教学理论体系会随着思想政治教育教学的变化和发展，不断变化和丰富，并向着更高层次和水平发展。思想政治教育教学的构建方式和教学理论体系的构建方式也是相互影响的。

二、我国高校思政教育面临的形势变化因素

（一）思想政治教育面临的国际形势变化

首先，经济全球化的发展使世界各国的政治、经济和文化都能够进行深入的交流，拉近与彼此的距离，将世界变成了一个能够相互联系和影响的整体。但是，东方国家和西方国家还是存在一定的差异性，包含在许多方面，无论是在意识形态方面还是在物质方面，都体现出一定的区别。

其次，伴随着科技的高速发展与进步。文化传播的速度日新月异，同时新兴的网络媒体与自媒体等频道也让文化传播的渠道变得更加广泛与便捷。科技的进步让世界各国之间的联系更加紧密，文化的开放程度不可避免地让西方的文化和价值观潮水般的涌入国内，与国内传统文化与价值观

进行激烈的碰撞。对大学生价值观的形成产生了或多或少直接或者间接的影响。而且新时代大学生作为互联网下成长起来的大学生，其对文化与价值观念的接受范围也更加广泛，时刻面对文化之间碰撞带来的困惑与斗争，比较容易受到各种不良文化和思想观念的影响而导致盲目推崇国外文化。例如从年轻人钟爱圣诞节或者万圣节的热闹氛围，再对比中国传统节日的冷清可以看到国外文化渗透到了青年学生学习生活的方方面面，对大学生的意识和行为产生的影响不容小觑。这就导致了对大学生进行思想政治教育工作变得更加困难。

（二）思想政治教育面临的国内形势变化

1. 市场经济体制带来的挑战

大学生的思想政治教育工作在一定程度上来说，是与某些经济基础相匹配的意识形态的工作。近年来，我国经济水平不断提升，社会经济体制发生了较大转变，意识也发生了很大的变化。这样的价值观念的冲击，对大学生起到了较大的影响，学生们在品德教育的重视程度上普遍低于对知识技能的认识程度，学生们在学习中很难提升学习的积极性，这成为高校思想政治教育中的一个挑战。

2. 科技发展变化带来的挑战

随着社会经济的不断提升，信息技术带来了飞速地发展，为人们的生活提供了较多的便利。其随之而来的是大量的信息传递，网络的发展让信息传递更加迅速和面积更加广泛。在这样的背景下，大学生的政治思想教育得到了更好的技术支持，知识的获得变得更加快捷，但与此同时，庞大的信息量也容易使辨别是非能力较低的学生误入歧途，因此，提高学生素养势在必行。

3. 国家教育方针带来的挑战

我国的国家教育方针开始转向了学生们的素质教育方式，对大学生的政治思想教育带来了两方面的影响，一方面，其为我们的教育提供了更多的空间和综合素质教育，促进了我们的教学水平的提升；而另一方面，其带来的是更加多元化的背景，各类教育目标罗列在我们的面前，我们需要不断地提升自己的教学素养，并且需要去正确地区分轻重缓解来进行学生们的教育实施，这对我们的教育来说增加了一定的难度，提出了较大的挑战。

4. 教育工作体系问题带来的挑战

在高校思想政治教育的实施过程中，教育工作体系对提升教育效果提出了一定的挑战。思想政治教育要面对的是学校以及教师等方面的教学思想认识和素养等方面的问题，这些也是当前我国高校教育中的弱势所在，对我国的教育起到了一定的阻碍作用。在日常的教育中要重视这样的教育挑战，将挑战转变为机遇，将弱势的教育问题进行有的放矢，积极扭转困境，从而对学生们的学习效果提升起到促进的作用。

三、高校思想政治教育的意义

（一）适应社会需要，培养合格人才

近年来，随着中国综合国力的不断提高，高素质、实用型、技能型人才紧缺，作为当代高等院校为国家输送优秀的人才的主力军，高校对于人才的培养不仅要着眼于知识技能的提高，更要根据高校的特点大力发展思想政治教育。高校学生相比于本科生来说，年龄比较小，自身素质不高，对社会的辨别能力偏弱，在社会主义市场经济受市场经济消极因素影响，很容易受不良思想的影响，因此，高校内思想政治教育的主要任务就是要让学生在总书记立德树人的贯彻下，形成正确的主流的价值观，帮助学生树立正确的人生观。

高校阶段的学生面临的是毕业就业的问题，因此可以说，高校学生是我国生产建设的主力军，是民族发展的希望。2017年中共中央国务院印发了关于高校思想政治教学工作的指导思想，主要内容就是要高举中国特色社会主义旗帜，贯彻习近平总书记的重要讲话精神。要求教育工作者在实际的教育过程中要不断提升自身的思想政治觉悟，只有这样才能将正确的政治思想传达给自己的学生。无论是在日常的生活中还是课堂的教学中，都要遵守以人为本的重要原则，培养出以德树人的高才生，在社会主义核心价值观的引领下，培养出中国特色社会主义发展需要的定向人才。新的时代背景为我们的教育工作带来了种种机遇和挑战，对于有利的机遇，我

们也要良好把握，促进高校思想政治课堂的稳步进行，冲破种种挑战，解决一系列的困难，不单是要解决教师在教学过程中所面临的困难，也要解决学生个体的心理和性格问题。思想政治教育虽然是对学生进行的政治觉悟引导，但是学生的健康成长仍然是不可忽略的，社会型的人才需要全方面培养和发展，教育工作中加强党的领导，促进师生之间的交流与互动，推进教学方法改革。

（二）符合发展需求，实现培养目标

改革开放以来，高校教育在得到了迅速的发展。它的办学目的是为社会提供大量的合格的人才，随着中国特色社会主义的形成，高校在新时代发挥了其自身的优势。高校一方面教授学生专业知识技能，另一方面要加强学生的思想政治教育，培养他们树立正确的人生导向，形成全面的人格，这不仅关系到学生的自身各方面发展，还对高校的自身发展有着促进的作用。马克思关于人的全面发展在中国要求培育"四有新人"，这一要求适应了时代的需求。当代大学生，应该掌握马克思主义的科学世界观及方法论，成为新时期的"四有"新人，这对于肩负着中华民族伟大复兴的光荣使命，对于大学生的成长和长远发展有着深远的意义。2019年5月8日，教育部发布了《高校扩招专项工作实施方案》，实施"百万扩招"。高校中学生的发展是最重要的一部分，而思想政治教育的培养又在学生全面发展中具有首当其冲的地位，因此根据新时代社会主义经济发展需要，只有加强学生思想政治教育，改进思想政治教育手段，加强思想政治教育师资队伍建设，树立培养全面发展的高素质人才，才能保证高校持续健康的发展，这也是高校自身发展的必然需求。

随着十九大的召开，党中央再一次充分地总结了我国的国情和当前社会的主要矛盾，对未来的社会发展指明了新的方向。高校作为人才的培养基地，培养出的人才的综合素质高低与否影响着未来的国家建设。传统的高校在人才培养上由于过分重视理论教育，往往忽视了学生综合素质的提升，无法培养出全面的人才，许多人员缺乏基本的道德和职业素养。而在新时代高校的思政教育中，在教学方面进行不断的改革和创新，才能弥补高校学生综合素质的不足之处。高校思政理论课在实现高校人才培养目标中居于核心地位，高校应该充分利用好这一主要渠道，在对学生进行思想

教育时，努力发挥思政教育的政治导向作用。我国高校教育的目标是培养出合格的高技能人才，同时肩负着提高国民素质培养目标作为高等教育的重要组成部分，很明显，它未来的发展更大程度上取决于是否将这一双重目标的育人性和应用性的得到共赢的发挥和作用。因此，无论是发挥思政理论课在培养高校学生思政教育提升的重要性，还是在高校内部转化意识形态教育，都对培养高素质的人才有着巨大的作用，也能进一步的实现当今高校的人才培养目标。

（三）丰富思政理论，促进发展需要

马克思在思政宣传方面一直宣扬的是坚持以人为本一切从人民群众的利益出发。在高校思政教育中，同样也要注重这一理念，坚持学生的主体地位，任何教学教育活动的创设都要结合教育对象的实际情况，充分尊重学生个体之间的差异，实施差异化教学。针对学生的具体问题要使用具体的教育方法，让学生充分感受到教师的人文性关怀。在教学课堂之上，我们所要参考的思政理论有很多，比如说马克思主义理论指导思想、毛泽东思想以及习近平总书记重要讲话精神。这些思政理论都是从人民的重要利益角度出发的，需要高校学生去学习和发扬光大。这些思政理论不仅丰富了我们的社会生活，还丰富了我们的教育内容，它们对社会的发展和社会个体在日常生活中的行为都做出了明确的行为规范。教师在教育过程中，也要将这些理论贯彻到学生的大脑中，引导他们接受思政理论，提升自身的思想政治觉悟。随着社会的发展与进步，高校思政教育的内容也在逐步地拓展，学生学习的涉猎范围也在逐步地扩大，出现这样的现象是值得欣慰的，因为人在全方面发展的过程中要不断地接触新事物，在接触新事物的过程中，进行一系列的创新活动，才能促进社会的进步与发展。在当今的社会背景下，高校承担的责任是非常繁重的，不仅要传授学生相应的专业知识，为他们将来生存和工作铺好道路，还要使他们拥有一个健康的体魄，以及积极健康的思想心态。因此高校的学生在学习专业知识的同时不能忽略思想政治知识的学习，换个角度出发，从专业知识教学的角度也对思政学习做出了明确的要求。教育部也对高校专业课的教学做出过明确规定，在传授专业知识的过程中也要传授道德素质教育，因为道德素养是职业素养的前提条件，只有一个人有了良好的品行才能在任何岗位中发挥自

身的温度。因此思政教育是从多个角度,多个方面对学生进行引导的。思想政治教育不仅为高校学生指明了学习的方向,还为他们的人生设立了健康的素质"路灯"。因此高校学生作为未来社会的接班人,在选择的同时一定要考虑到社会的需求,不断提升个人价值,在思想政治理论的指导下,接受学校和社会的教育。与此同时,高校要想培养出符合社会需求的高素质人才也要全面提升思想政治教育水平,完善思想政治教育体系。针对本院校的具体情况,结合学生个体之间的差异,在面对具体问题时,要使用创新型的解决方法,制定合理的人才培养方案。丰富的思政理论,为学校的教学和企业的招聘带来了很多的机遇,高校和企业之间可以通过合作来共同培养对社会有用的人才,为我国的经济发展做出自己最大的贡献。比如说高校学生在企业实习的同时,适当的技能培养以及思想政治教育能够使他们全面进步与发展。

第二节 高校思政课程改革策略

一、当前高校思想政治教育的成效和不足

随着我国高等教育的改革和发展,高校切实把握高校学生的实际情况对学生思想政治教育加大了探索和实践,取得了显著的成效,当然也有需要改进的地方,需要在不断加强改进中提升思想政治教育的效果。

(一)当前我国高校思想政治教育取得的成效

国家不断地发展,对高校教育的重视度日益提高,高校在其迅速的发展过程中,逐渐形成了自身的发展优势。这期间,不仅高校在高等教育中找到了自己的定位,高校的思想政治教育也随着高校的发展而不断发展。广大高校思想政治教育工作者掌握了以往思想政治教育的实践经验,在新的教育方法上大力探索,理论与实际相结合,高校思想政治教育也取得了一定的进步。

1. 高校思想政治教育地位提高

随着我国精神文明建设步伐的推进，高校思想政治教育也逐渐受到社会和相关部门的关注，高校思想政治教育的地位也随之上升。习近平总书记在全国宣传思想工作会议中指出，国家的物质力量和精神力量都要增强，前提是做好精神文明建设①。这就要求高校教育工作者坚持中国共产党的领导，在实际的教育过程中，充分贯彻习近平总书记的重要讲话精神，在中国特色社会主义事业建设中贡献自己的力量。大学生是未来社会的接班人，他们最终要进入社会，改变社会的进程。所以加强建设文明建设就是要全面促进思想政治教育工作的进行。当今时代大学生所能接触的信息是十分广泛的，但是如何引导他们在这些信息中进行有效的筛选就是高校思想政治教育的重要内容。时代的发展带来了思想的多元化，因此思想政治教育要严格遵守重要思政理论的指导，创新教学形式，利用各种现代化手段搭建学习平台。高校思想政治教育地位的提高为高校带来了很多的挑战，面对这些挑战要各个突破，争取将高校思想政治教育带入到一个更高的高度，不断地为社会输送高素质人才。

2. 高校思想政治教育总体目标明确

近年来，高职院校思想政治教育工作在中国共产党的领导下，一直秉承与时俱进的理念，坚持以习近平总书记领导下的立德树人的新时代要求，以深化高校内涵建设为目标，秉承以人为本的理念，从学生实际情况出发，针对性地进行思想政治教育，以爱国主义教育为导向，将思想政治素质、职业素养和技能培养结合起来，向培养全面发展的高素质人才迈进。习近平总书记说过高等教育必须做好"四个服务"精神②，并且明确了新时代高校思想政治教育的最新要求和总体目标的重要，指引着高校人才培养的方向。在这一过程中，高校思想政治工作者用坚定不移的信念，努力创新教学思想，用强大的执行力努力向思想政治教育的根本目标奋斗着。

3. 高校思想政治教育理论课改革明显加强

高校教师应充分发挥主观能动性设计出更加符合学生特点的思想政治

---

① 引自2013年8月19日，习近平在全国宣传思想工作会议中的讲话
② 出自2017年习近平在全国高校思想政治工作会议上的讲话.

理论课，把思想政治理论与实践紧密地联合在一起，结合网络手段激发课堂教学的活力，课下组织丰富多次的创新实践活动，实现教育效果最大化。青年人在学生阶段能够树立正确的世界观、方法论，以扎实的理论知识为根基，是将来奉献于祖国的必备条件，这些都需要思想政治教育的作用。我国高等学校设立的内容不同思想政治理论课，就是要通过这种重要的形式来完成对学生正面的、系统的、正规的思想教育。2005年，《中共中央宣传部教育部关于进一步加强和改进高等学校思想政治理论的意见》初步制定以来，"两课"就成为高校学生思想政治教育的必修课，国家还要求各大院校开设了"形势与政策"课程作为思想政治教育的重要补充。

"两课"的实施不仅为高校思想政治课的进行奠定了坚实的理论基础，而且在复杂的国际形势下教育部门也提出了很多优良的国家政策，以促进高校思想政治教育的进行。因此教育工作者要以国家政策为政治导向，对学生进行思想政治方面的引导，提高他们的思政觉悟。党的十八大以来，习近平总书记也为高校思想政治教育工作做出一系列的部署。要求各大院校在进行思想政治教育时，多多注重启发性。在以往的教育中灌输性质，在教学的占比重相对来说比较大，而现如今的教育并不是说要将灌输式教育完全摒弃，而是要把灌输式教育与启发式教育相结合，二者并肩前行。受教育内容的影响，有些内容是不能被学生简单消化的，需要教师进行详细的指导和教学，才能成为养分被学生利用。针对一些简单易懂的内容教育工作者稍作解释，高校的学生就能够准确的理解。无论是灌输式教学还是启发式教学，都需要遵守思政理论的指导，提升高校大学生的整体素质。当今的社会背景已经全方面多元化，世界各国之间的文化冲突也在逐渐发生，我们在面对外来文化时，也要以自身的思政理论为指导思想，对外来文化进行有效的筛选。习近平总书记强调过经济全球化的发展，我们需要办好中国的事情，在思想政治理论建设上加大力度，在高校思想政治教育中要不断创新授课方式，强化学生对中国特色社会主义理论的认知。

2019年，中共中央办公厅、国务院办公厅发布了《关于深化新时代学校思想政治理论课改革创新的若干意见》，要求各大高校全面贯彻教育方针，努力培养担当民族复兴大任的时代新人。高校思想政治教育活动的开展在习近平总书记的讲话指导下，一定要抓住国家政策带来的一系列机遇，利用国家带来的优势，加强对大学生思想政治觉悟的提升。习近平总书记的重要讲话同样也对思想政治教育提出了新的要求,我们作为培养祖国未来的教育工作者,要以习近平总书记的讲话精神为指导思想,贯彻落实国家方针与政策,把高校当作是培养高素质优秀人才的主要阵地,不仅要使学生具备坚实的专业知识还要具备稳固的思想政治觉悟。经过长时间的工作经验总结,作者得出了很多提升思想政治教育的渠道,这些渠道都是根据自己学生的实际情况分析来的,坚持以马克思主义基本理论为指导思想开展一系列的教育教学活动,首先要让自身成为学生的榜样,其次动员时代楷模,发挥时代楷模的重要影响力,定期组织参观红色旅游景点,这些方法都能够有效促进思想政治教育水平。

4. 高校思想政治教育队伍建设取得重要进展

教师在思想政治理论课具有关键作用。对于高校而言,为了使自己在人才市场化的今天站稳脚步,首先就要获取和整合教育资源,为了培养德智体美劳全面发展的社会主义接班人,建设一支符合时代要求,具有创新精神和丰富的实战能力的高水平师资队伍是院校发展的关键。教师是立教之本,兴教之源。进入21世纪,高校教师队伍建设在增加专任教师数量的同时,着力加强高层次创新型人才队伍建设,优化职业教育师资队伍,培养和引进"双师型"教师,教师队伍素质能力不断提升,有效地为教育事业跨越式发展奠定了坚实的基础。近年来,各大高校教师专业标准越来越明确,高校思想政治教育队伍管理制度愈加完善,思想政治理论课教师被纳入到以党政干部和共青团干部、辅导员和班主任为主体高校思想政治教育工作队伍之中,实现了理论教课老师与辅导员的有效合作。内蒙古自治区各大高校实施了辅导员和思想政治理论课教师"双向兼任"制度,这在优化人力资源结构和推进大学生全面发展上都有着重要的作用。根据调查了解,现如今多数高校辅导员和思想政治课老师趋于年轻化,文凭门槛升高,实施双向兼任制度不仅可以让辅导员能更好地把握学生的思想动态,也有效地促进了高校教师队伍建设的改革。由此不难看出,各大学校对思想政治教育师资队伍十分重视。

(二)高校思想政治教育的不足之处

虽然当前高校思想政治教育取得了一定的成效,但仍存在着一些不足之处。

1. 师资因素

教师的力量是决定教育实施成败的关键因素。例如，高校思想政治教育者集中在思想政治系的教师和辅导员，这些教育者的水平参差不齐。从普通高校教师受教育程度看，辅导员和教师都具有学士学位，具有硕士学位的教师比例相对有所增加，但人数普遍较少，具有博士学位的教师更少。其中一些教师教学经验不足，教学方法比较简单，注重理论与实践，课堂与课外相结合，实践教学环节相对薄弱，实践形式简单，一些思想政治教师自身对党和国家的政治路线方针政策认识不足，思想政治教育没有从点到面、从局部到整体紧密结合理论和实践，指导员承担的思想政治教育工作只停留在安排和完成任务的层面。对思想政治素质教育的认识只能流于形式，不能因材施教，不能充分结合大学生的具体情况。

2. 学校因素

学校是思想政治教育的主要载体，学校环境是思想政治教育成败的关键。比如民办高校是自负盈亏的组织，很多学校都是从省钱的角度来设计教学方案的。此外，学校为在职教师提供的培训机会少，教师知识结构陈旧，教学方法落后，严重影响教学质量，民办高校的模式已成为思想政治教育的重要障碍。

3. 思想政治教育方式方法仍需创新

高校思想政治教育的理论课是对大学生进行思想政治理论教育的主要途径，而创新改革思想政治理论课教学方法是促进思想政治理论课建设的前提。就目前来看，我国高校思想政治理论课根据自身特点，正在进行改革创新，努力从灌输型向启发型课堂转变，但仍未出现十分有创新形式和互动性的适合高校学生的教育方法，也不能完全适应当代高校学生的个性，并未能充分发挥对学生思想政治教育的作用。高校学生在课堂上对老师的方法不太感兴趣，思想政治课通常采用大班授课制，另外，部分高校采用课外活动对学生进行思想政治教育，这一方法形式上看似不错，实际上只是通过开讲座，报告会的方式，学生的参与程度仍然有限，并无法满足新时期的要求。在新时代以互联网为核心的信息来源渠道要求学生的思想政治教育工作应从多渠道多角度去进行，仅仅依靠简单的课堂灌输是远远不够的，面对高校学生思想价值观念受到信息多元化的冲击，灌输式教学方法逐渐出现了弊端。学生良好品德和行为养成，不仅要充分发挥思想政治课教学的主渠道作用，更应结合教育的特点，在实践中让学生不断接受熏陶，经受洗礼，在矛盾冲突中增强学生的辨别能力，建立符合社会主义思想规范的。而目前很多高校虽然都开设了思想政治理论课，但由于观念和现实的种种原因，仍采用灌输式教学模式，思想政治教师仍在课堂上起着主导作用，学生没有成为学习的主体，没有做到依据学生实际情况让学生自我思考和学习。同时，实践教学环节比较薄弱或者形式太过于简单，没有贴近社会热点焦点进行专题教育，而是严格按照教材体系去教授，教学方法经不起实践的考验。

4. 高校思政教育工作者专业素养有待提高

高校虽然也很重视高学历人才的培养和引进，但受各种因素影响，效果并不明显。繁重的教学任务，使老师对于理论课的教授并不精良，教学注意力容易分散。从专业理论角度来说，面对新时期学生的思想和行为特点，部分思想政治教师不能探究新的教育方法和途径，这要求老师不断加强理论学习，满足学生对老师的学识要求。由于部分教师在认知上发生偏差，在教学过程中只关注教学进度和知识体系的完整，在授课时对学生关注不够，课堂组织能力和掌控能力较差，对学生的课堂秩序缺乏应有的监控和引导，既不能保证教学效果，更谈不上教育效果。

二、提升高校思想政治教育效果的措施

（一）建立健全高校思想政治教育体制

1. 建立完善的领导机制

学校要成立由各部门党委、各级团领导、政治理论教师、辅导员等领导的思想政治教育工作组，根据学生的思想状况，定期招收思想政治工作人员，召开政治教育工作会议，并制定相应措施。

2. 坚持以人为本的教育体系

以人为本是实施素质教育的战略主题，也是全面贯彻党的教育方针的时代要求，这就要求教师与学生建立良好的师生关系。教师要密切关注学

生思想动向，不断学习，提高自身素质，以身作则，努力感染学生成为一个全面发展的人。

3. 培养优秀的学生思想政治教育干部

高校应坚持德才兼备和专兼结合的原则，建设一支学生思想政治教育工作队伍，选拔出政治素质过关，思想作风良好，具有较强组织管理能力的青年党员学生来担任思想政治教育工作人员。选拔一支有凝聚力和执行力的学生干部，对于高校思想政治教育工作者在进行思想政治工作时能起到良好的推动作用。目前高校大学生干部具有创新的时代精神，首先要培养他们关心国家时事政治，对他们进行爱国主义教育，用过硬的理论知识武装自己的头脑，其次是要他们进行实际工作的锻炼，树立为人民服务的坚定信念。第三要定期开展座谈培训，让学生干部互相交流，取长补短，创新工作思路。最后学院要建立学生干部考核机制定期对学生干部进行测评，以上这些这对培养和指导学生干部的思想政治工作十分重要。

（二）与社会实践活动结合

1. 结合理论知识和教学实践

高校的首要任务是把学习思想政治教育的内容注入实践的活力，充分发挥创造师生的创造实践性，并让理论和实践融为一体，引导师生认同思想政治教育实践是指导中国进步的时间。

2. 结合德育和传统文化教育

高校在社会主义核心价值观指导下，加强大学生德育培养工作，结合法制教育，营造健康成长的精神风貌，引导大学生弘扬爱国主义教育，传承中华优秀传统文化和修身养性，结合他们的道德和心灵，促进全方面发展。

（三）浓厚校园文化氛围

高校学生是校园文化建设的主要参与者，作为校园文化的创造者和主力军，学生身上的时代性通过校园文化得以体现和传承。良好的校园文化能对学生产生潜移默化的影响，然而，高校学生的文化基础不够扎实，当他们来到新的大学校园，进入新的学习环境，容易失去自我控制力，被不利因素诱导，受环境的奴役，因此，优化高校学生的学习和生活环境，对于高校学生的健康成长是十分重要的。建设校园文化是一个庞大而又艰巨的任务，为了营造良好的校园文化氛围，高校可以通过以下几种方式：

1. 利用文化精神熏陶和引导学生

邀请专家学者、大师工匠进校园举办讲座、举办各类文化活动，着重强调在继承优良的传统文化的同时，与现在文化精神相结合，构建社会主义核心价值观，为学生营造一个民主、公平、和谐的校园环境。

2. 利用学校优美环境和硬件措施去启发学生

例如良好的住宿环境，先进的教学设备是创建优质的校园环境的必备条件，还可以利用校园网站、先进的教学设备、布告栏、电子屏等宣传阵地，宣传新时期党对高校学生的思想政治教育观念让学生在舒适的学习生活环境里，有更大的决心去追求更高层次的精神追求。

3. 利用丰富多彩的校园文化活动去鼓舞学生

高校可以把第一课堂作为主线，在课堂上倡导各位教师把思想政治教育通过各种各样的方法渗透到课堂上，让学生有扎实的思想政治理论基础。以第二课堂为辅线，组织学生参加各种各样的实践活动，在实践中体会思想政治教育对自身以及社会的影响，点面结合、分步推进，弘扬主旋律、传播正能量，着力凝心聚力。

（四）培育大学生自强精神

1. 改进和优化高校德育教育模式

传统的方法单一、教学模式单一、管理模式单一的大学德育模式已经无法适应当前大学生的教育环境，尤其是缺乏培养自力更生、自立自强的能力。换言之，完善和优化高校德育模式势在必行。一是转变教学模式，从传统的说教、强制、被动的教育模式，向充分发挥大学生的主体性和参与性转变。我们可以借鉴国外的德育方法，比如价值阐明、角色扮演等方法，利用困境讨论法等增强学生自主选择能力，在丰富各类实践课程的同时，充分利用实践课程跳出传统的讲道模式，实现自力更生精神的内化，帮助大学生从实际活动中体验自力更生、自强不息的精神满足。二是转变管理模式，大力完善辅导员制度，培养高素质辅导员队伍，是培养大学生自强自立精神的重要组成部分。一方面，从大学生的身心特点分析，学生对教师的"模仿"倾向强烈，而与大学生生活最接近的是辅导员。因此辅导员不仅要完成日常教学工作，对于引导性、榜样性工作更要注重。我们必须从单一的说教性只是传播转变为多种大众媒体载体和更多形式的心理关怀和爱心相结合。例如，我们可以使用当前的大学生喜爱的社交网络，如微信、QQ、微博等平台传播德育的主要内容。导师还可以开展班级活动和高校活动，比如拍摄关于自力更生的微电影和短片，不仅让大学生参与到拍摄和录制的过程中，还能感受到课程思政巨大的作用。影片完成后，可以在学校网站和学校论坛上重新转载，起到了双重教育作用。另一方面，导师对每一位学生的关心和关心也很重要。要充分尊重每一位大学生，关注大学生的各种问题，在学生群体中树立既是老师又是知心朋友的形象。无论是对于普通同学还是特殊贫困家庭群体，都能及时捕捉到他们的思想动态，更有利于加强他们自力更生精神的培养。

2. 营造弘扬自立自强精神的校园文化

校园文化包括精神文化、环境文化、行为文化和制度文化。要抓住育人在校园文化中的引导作用，充分营造奋发向上、互爱互爱、团结友爱、拼搏拼搏、自强不屈、不畏艰险、勇于创新的精神。多多鼓舞人心，在融洽气氛中愉悦心情，我们就能发现处处有良好的积极向上的力量。大学生在这样的环境中不知不觉地受到影响，可以内化为自己的精神力量。

首先，高校要充分利用校史、校训、校歌、校景所蕴含的丰富历史文化和精神文化，用积极向上、勤奋努力、坚韧不拔、顽强拼搏的精神影响学生。大量的学生被知识文化氛围所包围，这是一股无形的力量在督促大学生努力。

其次，要充分利用校刊、校报、校园网平台、校园广播等校园媒体力量，宣传自强自立模式，关注高校价值取向。

第三，要举办丰富多彩的校园文化活动，如讲座、讨论、文化作品鉴赏、才艺表演、兴趣小组等，既为学生提供交流的平台，又有助于培养大学生的综合素质。

此外，建立"自力更生小组""互助小组"等组织，使渴望自力更生但找不到有效途径的学生互相帮助、互相学习、讨论学习典型以及自力更生的榜样，从而树立大学生自力更生的精神。

最后，在制定校园制度上要与时俱进，突出培养大学生的自强自立精神。

3. **优化大学生自立自强精神培育的环境**

大学生自力更生、自力更生精神的培养，需要家庭、学校和社会各部门的通力合作。这不仅需要家庭教育，更需要社会为大学生提供更多的实习和实践岗位。同时，要更加注重道德法制文化建设，大力推进社会主义建设核心价值观，抵制不良习惯和思想对大学生思维的负面影响。

为各专业在校大学生提供更有针对性的社会实习和实践岗位，帮助大学生利用课余时间和假期开展社会实习和实践活动，巩固知识，提高能力，早点适应社会环境并获得相应的物质奖励，早点独立生活，不依赖父母，在社会环境中锻炼自己的意志力、抗挫折能力、团队合作能力和人际交往能力，更好地了解自己的长处和短处，是非常有帮助的，对大学生自力更生精神的形成有重要帮助。同时，要完善社会公德和法制建设，保障大学生实习期间的人身安全和合法权益。实习单位与学校共同起草实习合同，保障双方共同利益，培养大学生在法律保护下的自强自立精神。

（五）增强大学生对高校思政课程的自我认知

大学生不仅是高校思政课程的教育对象，也是认同此课程的主体。他们对此课程的自我认知状况直接影响着他们对该课程是否认同以及认同程度。因此，大学生要自觉增强对高校思政课程的认知，具体可以从以下三个方面来努力：

1. **正确认识高校思政课程的价值与作用**

大学生能否正确认知高校思政课程的价值和作用，不仅是他们学习此课程的内在驱动力，也是他们认同该课程内容的基础。然而目前部分大学生因受内外不良因素的影响而对此课程的价值和作用存在着认识误区。大学生要自觉地从以下两个方面来努力，以形成对高校思政课程价值与作用的正确认识：

一方面，大学生要自觉弥补自身心智和能力有待提高的缺陷。虽然大学生心智和能力的不足主要是由其未成年时期的一些客观因素造成的，这些是他们无法左右的，但对作为一名已经成年的青年大学生来说，却仍然不能自暴自弃，要充分发挥主观能动性，通过后期的学习和锻炼来弥补自身心智不成熟、学习能力、认知能力和实践能力有待提高等方面的不足，为自身正确认识与评价此课程的价值与作用奠定坚实的基础。

另一方面，大学生要准确定位高校思政课程的性质，自觉纠正自身对该课程价值和作用的错误认识。高校思政课程不仅是一门知识课程，能够帮助大学生准确把握我国的社会性质和社会对人才的要求、准确定位自身成人成才的方向和掌握分析问题、解决问题的方法，指导自身生活和学习实践等，而且也是一门指导大学生价值观形成和能力提升的课程，大学时期的青年大学生正处于价值观形成和能力提升的关键时期，此课程通过相关理论知识为大学生提供科学的世界观和方法论、道德法律规范等的指导，告诉他们什么可以做，什么不可以做以及事情应该怎么做等，因此，大学生要自觉充分认识到该课程对自身成人成才和全面发展的重要作用。大学生如果对此课程的性质及价值和作用不能全面地了解和准确

地定位，可以向此课程教师咨询、自觉阅读相关方面的正规报刊、书籍和浏览相关方面的网站等，通过教师的解读和书籍、网站的引导，增加自身对此课程性质及价值和作用的正确了解和准确定位。同时大学生要充分发挥自身辨别是非的能力，自觉抵制一些错误思想、观念的误导。

2. 自觉增强对高校思政课程内容的认同

大学生自觉增强对高校思政课程内容的认同，不仅是大学生发挥自身在学习此课程过程中主体性的体现，也是增强大学生对该课程进一步认同的重要推动力量。因此，大学生要自觉地从以下两个方面来努力，以增强对此课程内容的认同：

一方面，注重需求动力机制在增强自身对高校思政课程内容认同中的作用。把人和社会及事物连接起来的唯一纽带就是需要。认同反映的是主体对客体的一种认可和情感上的归属，自然会与主体的某种需要相联系，没有需要也就不会有接受和认同。学习主体需要的强弱，直接关系到其在学习过程中自觉性的高低。大学生作为有思想的独立个体，在生活和学习过程中，有获取知识的需要、培养自身适应社会和参与社会实践能力的需要。因而，大学生要注重对自身需要的运用和掌控，以此来增强自身对高校思政课程内容的认同，具体可以从以下三个方面来进行努力：第一，充分调动自身的认知需要。大学阶段的大学生虽已具有一定的知识水平，但他们为了完善自身知识结构，提升自身能力，以更好地满足社会对人才的

要求而对知识充满着渴求,因此,大学生要充分利用自身的这种求知欲望,加强对此课程的学习。第二,充分利用自身的情感需要。当代大学生中的绝大部分学生具有强烈的国家荣誉感、民族自尊心和社会责任感,具有较强的此方面的情感需要;当然也存在着部分大学生因社会不良环境和错误思想的影响而导致他们的国家荣誉感、民族自尊心和社会责任感不太强烈,但他们也有一定程度的此方面的情感需要,而高校思政课程正是一门可以满足大学生这方面情感需要的课程。因此,大学生要充分利用这一点,以增强自身学习此课程的欲望。第三,充分利用自身的行为指导需要。大学生在日常学习和生活中难免会遇到挫折和困难,这时他们会渴求有科学的世界观和方法论进行指导,而高校思政课程就是一门能给大学生提供科学的世界观和方法论指导的课程,因此,大学生要充分认识到这一点,以在满足自身行为指导需要的同时,增强自身学习此课程的驱动力。

另一方面,重视和利用"意志原理"与"灌输理论"在增强自身学习和认同高校思政课程内容中的重要作用。其一,将"意志原理"与"灌输理论"相结合。优秀的意志品格具有较强的主动性和坚韧性等特质。"灌输理论"强调的是大学生的自我灌输,即通过自身意志努力强迫自己去学习该课程内容。将二者有机结合,其目的是奠定大学生认同该课程内容的心理基础。其二,充分利用"意志原理",自觉增强自身对高校思政课程内容的认同。唯物辩证法认为外因是事物变化的条件,内因是事物变化的依据,所以,大学生的个人意志努力是大学生自身进步的内在动力。因此,大学生要在拥有了一定的认同基础之上,通过个人意志的努力不断进行自省,主动进行自我批评与教育,从而克服内心的矛盾和疑惑,形成对此课程内容的正确认识,并结合外在动力和社会实践验证,逐渐将对此课程内容的正确的认识上升为对其内容的认同。

3. 在自觉实践中增强对高校思政课程的认同

实践是认识的来源、发展的动力和检验认识是否具有真理性的唯一标准等。大学生主动参加社会实践不仅有助于激发自身对此课程的需要,也有利于不断提高自身应用马克思主义理论分析问题和解决问题的能力,同时也有助于大学生体验和验证该课程理论的真理性,进而将对此课程的理论、思想、价值观念等由感性认识上升为理性认识。具体来说,大学生可以从以下两个方面来努力:

一方面，积极主动地参加高校思政课程教师组织的实践教学。第一，积极配合课堂实践教学。课堂实践教学有模拟教学、课堂讨论、观看纪录片等形式，大学生积极配合课堂实践教学有利于自身集中课堂注意力，加深对教学内容的理解和吸收。第二，主动参加社会实践教学。社会实践教学主要有教育基地参观、民情社情社会调查、校园文化活动、青年志愿者服务活动等，大学生积极主动地参加社会实践活动，有利于他们亲身体验教材理论的现实作用和检验教材内容的真理性，对教材内容与社会实际相符合的部分，会进一步加深自身对它们的理解和认知；对与社会现实不相符合的部分，在该课程教师的指导下，自己通过调查和分析，找出产生这种社会现实的原因，想明白后，会根本性地消除自身有关这些问题的疑惑。第三，主动参加网络实践教学。高校思政课程教师可以通过主题博客、网络聊天室等形式随时随地组织教学，同时大学生也要积极主动地参与网络实践教学。网络实践教学的方便快捷、形式新颖等的特点，可以极大地激发自身的学习兴趣。

另一方面，大学生自主参与实践。其他个人或团体组织的实践活动具有狭隘性，有时还具有一定的强制性，缺乏个体的针对性；而大学生自主参与的实践，在遵循基本目标和必要引导的基础上，可以根据自身的兴趣爱好，充分发挥主动性来进行，具有较强的灵活性和针对性，效果也会"事半功倍"。比如，体育爱好者可以在参加体育项目中磨炼自身坚强的意志和培养自己的团体协作精神；当他们在关注里约奥运时，通过将巴西动荡的局势与国内稳定的社会秩序相对比，不仅可以让他们内心充满幸福感，更加珍惜和平、热爱生活，也可以让他们体会到中华民族在中国共产党的英明领导下所取得的伟大成就，更加坚定他们的共产主义信仰和拥护中国共产党领导的决心；通过观看"中国梦之队"的颁奖典礼，当五星红旗冉冉升起、嘹亮的义勇军进行曲响彻体育场时，怎能不唤起他们的爱国主义情怀；当他们观看女排比赛时，怎能不为"无私奉献、团结协作、艰苦创业、自强不息"的女排精神所动容、所感染；当他们查看奖牌榜时，在内心充满国家荣誉感和自豪感的同时，也会发现排在奖牌榜前面的除中国外都是清一色的资本主义国家，这会让他们意识到社会主义阵容的薄弱、中国面临的危险，从而增强他们勇担建设中国特色社会主义事业和实现中华民族复兴的责任心以及强化国家意识形态安全的必要性；当他们看到"中国体操梦之队"的没落表现和阅读相关专家的原因解读后，定会让他们意识到创新的重要性；当他们看到中国代表队对待兴奋剂事件的态度时，他们会明白遵守规则和法律法规的重要性，等等。

（六）大力促进心理育人

个体健康包括了生理健康和心理健康。现代社会随着运行速度的加快，社会生活的不确定性越来越明显，再加上激烈的竞争所造成的工作、生活、学习上的压力，会使得社会成员在不同程度上产生一定的心里紧张，如果这种心理紧张不能被很好地缓解，就会使极少数个体出现心理上的过度焦虑、抑郁，甚至是心理错乱与变态的情况。在高校的育人过程中，也时常会出现极少数的个体心理出现不正常的情况。因此，要把育人、育德和育心相结合，不断提高大学生的身心健康水平。在高等院校大力促进心理育人，一方面是要把心理健康纳入课程教学体系，实现心理健康知识教育的全面覆盖，使每个学生掌握必要的心理知识，具备一定自我心理调节能力。二是要加强心理教育的师资队伍建设，并根据学生数量的多少，配备一定的心理健康教育专业师资，定期对学生开展心理教育讲座和专业的心理咨询服务活动。三是要建立高校大学生心理预防体系，通过对学生的入学心理筛查，有针对性地开展心理卫生健康教育和心理咨询服务活动。四是开展心理治疗，形成科学的心理干预机制。对单亲家庭子女、贫困家庭子女、肢体残疾等特殊学生群体开展针对性的心理辅导服务，帮助他们增强克服困难的信心和勇气。同时，针对有一定心理阴影或心理疾病的学生积极进行心理干预，鼓励他们及时接受专业的心理理疗和必要的医学治疗。五是把心理教育与德育、美育、体育和文娱活动紧密结合起来，通过健康有益、形式多样的教育教学及文化体育娱乐活动，帮助受教育者缓解心理紧张，养成积极乐观、奋发向上的人生态度。

（七）建设马克思主义引领的社会科学体系

由于对"学科"一词理解的不同，对马克思主义理论学科的内涵也会有不同的理解。"学科"一词通常有三种不同的解释：首先，从知识层面讲，学科就是相对独立的知识体系。也就是说"学科"是根据知识内容体系涉及领域的不同，按照一定的标准和原则对知识世界的结构化、体系化的分类，聚焦同一领域的知识体系就构成某一个特定学科；从这个意义上而言，以公共课形式为全体大学生开设的思想政治理论课，作为一个严密的知识体系，应该属于思想政治教育学科。其次从人才培养体系来讲，学科是高层次的人才培养体系，是围绕某一知识体系，按照一定的制度规范组织起来的，培养高层次专门人才的综合系统，是知识体系、制度体系、组织体系和一定的物质载体的统一。学科与专业不同。专业泛指社会的各类职业，高等院校的专业是根据知识体系与职业体系相结合的标准而划分的学业门类，所以，学科和专业既有联系又有区别，学科的发展以专业为基础，专业以学科为依托、为后盾。因此"思想政治教育""马克思主义理论"专业既可以说是要授予学士学位的人才培养学科，又可以说是作为"专业"的学业门类。而实际生活中，学科建设主要指的是围绕硕士、博士学位授权点而开展的人才培养体系建设，包括了师资队伍建设、科学研究水平、人才培养质量和服务社会情况等。所以，通常将"学科评估"与"专业教学质量评估"分开进行，"学科评估"主要针对硕士学位授权点和博士学位授权点，而专业考核评估主要是围绕本科教学展开的。最后，还可以在知识、技能传授以及文化传承的层面，把学科理解为在教学活动中的授课科目。因此，从最为广泛的意义上考虑，论文中有关学科建设范围应该做拓展性理解，即包括了作为公共课的"思想政治理论课"建设；也包括了作为"硕士、博士学位授权点"的学科建设，还包括了作为本科专业的"马克思主义理论"和"思想政治教育"。

第三节　多样化的教学融合创新

一、高校思想政治教育生活化融合教学

（一）教育理念要回归日常生活

教育者要更新教育理念，做到围绕学生的日常生活进行教学，选取与学生生活相关的教学内容，制定适合学生的教学目标。

1. 凸显教学内容的生活性

教学内容包含教育者传递的理论知识和教育思想，如何更好地让学生理解理论知识并接受教育，选取贴近生活，融入学生生活经历的教育素材至关重要。

（1）选取具有生活性的教育素材

生活是具体的，不是抽象的，也不是悬挂在空中触不可及的。思想政治教育是做人的教育，必须选取生活中真实的、客观的、可靠的教育素材，虚假的、不合时宜的素材只能取得适得其反的效果。因此教育者在选择教育素材时应做到"因事而化"，即要与学生生活中发生的大事、小事相联系；"因时而进"，即要与生活"现时"相呼应，教育素材应与时俱进，反映时代发展特色；"因势而新"，即要根据新时代社会发展大势，现代生活发展趋势，选择富有时代内涵的教育素材。教育者在生活中要有一双发现教育素材的"慧眼"，善于发现生活中不断发生的"大事"和"小事"，在教育过程中要精心挑选与教学内容或学生生活相关的热点事件、生活故事，找准切入点，注重与教学内容的契合性，以及对学生教育的针对性，将故事与理论相融合进行教学。教育者在教育过程中，要设置与生活相关的议题，创设与生活相关的情境，注意话语的趣味性、亲和力以及学生的接受程度，运用生活中众所周知、耳熟能详、贴近学生的话语对教学内容进行阐释，提高教学的艺术性、趣味性，使学生倍感亲切，从而深化认知，转化行为。

（2）在教学中融入学生生活经历

使学生的思想和行为符合社会行为规范，更具有道德意义，是思想政治教育的基本诉求。对于新时代大学生来说，谁讲不重要，更重要的是讲什么，所以教育者应多关注学生经历，在教学过程中"投其所好"，充分调动学生学习的积极性，引导学生把生活中遇到的人、事、困惑与喜悦在课堂中进行展示和分享，并结合所讲内容与其困惑和喜悦相结合，解学生之所忧、之所困，那么思想政治教育就可以直抵学生内心最深处，不仅符合学生的"口味"，还可以取得良好教育效果，可谓是一举两得。另外，学生多年的生活和学习经历，在头脑中形成了自己的知识结构，这些已有的认知对于学生学习新知识的影响不言而喻，如果新学习的知识和大脑中已有的知识相近，那么学生的学习速度就会加快，否则，则相反。所以教

111

育者在教学过程中，一定要通过多种途径多方面地了解学生已有的认知、需求和生活经历，在教学过程中融入相应的生活元素，在教授新知识时尽可能多地考虑学生头脑中已有的认知，利用学生头脑中已有的认知同化新知识，以使学生更好地学会新知识并在生活中运用新知识。

2. 凸显教学目标的适用性

教学目标制定的是否恰当对提高教学效果至关重要。教学目标的适用性就是在对学生进行教育过程中，制定贴近学生，又具有一定的理想性的目标。当然，这种理想并不是高不可攀的，是经过努力可以实现的。为了更好地凸显教学目标的适用性，教育者在制定目标时要重视目标的差异性和现实性。

（1）制定差异性的教学目标

大学生来自祖国的五湖四海，学生的受教育水平和学习能力参差不齐，所以教育者在制定教学目标时要考虑各种因素，做到具体问题具体分析，分层次制定教学目标，而不是千篇一律，不能提出与学生现有水平相差较远的教学目标，在制定目标时既要有与学生生活相关的"小目标"，也要关注学生可能达到的高度，制定相对高一点的"大目标"。"小目标"可以融入学生生活，使学生在生活中就可知、可感、可行；"大目标"可以使学生"跳一跳"通过自身努力去实现，增强学生的自信心。另外，制定差异性的目标还要关注不同的学生群体，对于高年级学生，由于他们的思想已经比较成熟，所以在目标的制定上就可以层次高一些，对于低年级同学，由于他们生活阅历和经验不够丰富，就要制定层次低一些的目标。针对同一群体，由于学生的思想发展快慢不同，目标也应有所区分，例如针对学生党员和学生干部这个群体，在目标制定上应有一定的区分。但是，无论针对哪一类学生群体，制定什么样的目标，目的只有一个，就是有针对性的改善学生思想，用"精准"的目标来对学生进行教育。

（2）制定现实性的教学目标

现实生活是我们每人每天都能切实感受到的，教育者在制定"思政课"教学目标时必须关注现实生活，制定具有现实性的教学目标，而不是制定脱离生活，脱离现实"高、大、空"的目标，我们培养的是生活中的人，目的是学生在现实中更好地生活，而不是对学生提出过分的不符合实际的要求，因为"人的存在并不总是表现为一半是野兽，一半是天使的二重分割"。教育者在制定教学目标时,应多关注"中间地带"的学生,制定符合大多数学生生活实际的目标。当然,关注"中间"并不是忽视"两端",因为中间的人数多,是生活中的主力,他们的思想状况会影响到整个群体的思想状况。所以,一定要以实践为依据,把对学生的思想政治教育作为出发点,而不是把学生当作某种"手段",应制定"有血有肉"具有现实性的教学目标。

(二)教学方式要融入现实生活

1. 注重运用情境教学和心理咨询的育人方式

新时代大学生思想变化是多样的,传统的育人方式难以吸引学生的注意力,调动学生的"胃口",必须采取富有吸引力和针对性的育人方式来改善学生的思想,情境育人法和心理咨询育人是高校创新思想政治教育教学方式且富有成效的重要方法。

(1)注重运用情境教学法

知识不能脱离情境而单独存在,情境教学就是教育者在教育过程中,首先,教育者可以采取情境再现的方式,将生活中发生的与教学内容相关的场景,通过多媒体或学生表演的形式再现出来。其次,可以查找生活中发生的真实故事,结合教学内容一起讲授,这样不仅可以"寓教于乐",而且可以增加对学生的吸引力。最后,可以直接将学生生活中发生的具有教育意义的故事"搬"进课堂,这样对学生的教育是直接的,而且可以使学生感受到"如见其人"和"如闻其声"的效果。但是无论采取什么样的形式,其目的就是让学生在感受真实生活世界的过程中,以一种"独特"的且学生非常熟悉的方式来"反观"生活,引发学生的思考,提高育人效果。

(2)注重运用心理咨询法育人

现如今大学生的就业等各种压力纷至沓来,对学生的影响可能不仅只是思想上的,心理上的障碍也是有可能产生的,所以引导学生转变思想仅靠对学生的思想教育或学生自身的调节可能是难以"见效"的,因为学生有些问题看起来是思想问题,实则是心理问题。所以我们应"双管齐下",教育者可"另辟蹊径"采用心理咨询的方法对学生进行心理干预,帮助学生理性看待自己,辅助解决学生思想上的问题,促其全面发展。

2. 重视社会实践育人方式

学生的发展是全面的发展，仅仅在课堂中对学生的教育，满足不了新时代大学生全面发展的需要，而且也难以满足新时代对大学生提出的新要求。实践是理论之源，一些知识和理论需要学生去亲身体验，以获得真正意义上的理解，并指导自身实践，这就要求教育者应注重社会实践的育人性。

我们要注重社会实践的育人性，改变传统课堂"孤岛"式教学。"实践教育是人全面发展的决定性因素"，不仅要使学生在课堂中学习理论知识，还要使学生在实践中进行自我教育，毕竟生活是动态的，不是一成不变的。这种体验是学生亲身感受到的，不是表演、展览等"伪装"出来的，这就犹如在水中学习游泳一样，其效果是真实的、有效的。另外，从纵向来看，社会是学生最终的"归宿"，从人生的发展阶段来说，学生的学校生活仅仅是人生的一个阶段，然而人并不是只有在学生时期需要教育，人生的不同阶段都需要教育，而且其内容由于成长阶段而不同，对人的教育是一个终生的过程，那么这个教育的课堂就是社会这所大的学校。从横向来看，对学生的思想教育不能只在校园内进行，也要在校园之外开展，不能使学生成为在校园之内是道德的人，校园之外就是"无恶不作"的人，所以转变教育方式，引导学生进行社会实践是非常必要的。

我们要注重社会实践的育人性，改变传统"知识性"教学。学生的发展是整体的、全面的发展，学生全面发展的前提是掌握一定的知识，除书本知识外，生活实践中体验感悟到的知识同样也是学生全面发展不可或缺的一部分，且通过实践获得的知识更具"实战性"。如果回想人类最初的思想道德教育，毫无疑问都是在生活、生产中开展的。学生思想的改变需要一个过程，不是几十分钟就可以"瞬间"实现的，而且这个改变需要课上课下协同进行。现在高校对学生的思想政治教育是以教材为基础，是在课堂中进行的，是在"科学世界"中进行的，但是这样的教育是不全面的，因为"科学世界"是以"生活世界"为根基的，是从事"专门"教育活动和知识传授的"世界"。所以，生活才是对学生思想政治教育最基本、最全面的世界。"纸上得来终觉浅，觉知此事要躬行"，学生在课堂中、教材中学到的关于道德教育的知识，是普遍且具有共通性的，而社会生活中有大量的道德教育知识是不可言说，且对学生思想影响具有一定特殊性的。有些道德教育知识是"搬"不到教材中去的，是教育者说出来，但是学生不一定真正能够深刻领悟到的，需要学生必须亲身体验才能体会、感悟出来，因此，教育者必须创新教学方式，引导学生在生活中进行实践、体验、感悟，使学生"游离"在"科学世界"和"生活世界"中，做一个全面发展的人。

（三）教学过程要以学生为本

教育者要想激发学生对学习的兴趣，就必须转变教学方式，将"灌输"式教学向"启发式"教学转变，并且在教学过程中融入情感因素，激发学生将知识向现实生活践行的自觉性。

1. "灌输"式教学向启发式教学转变

在传统的灌输式教学过程中教师把学生当作接收知识的"器皿"，这样的教学是一种"你打我听"的教学方式。教学活动的主要实施者是教师，学生是接受知识的客体，师生之间不是平等对话关系，教师是知识的"搬运工"，搬运的知识就是"圣经"，这样的教学是脱离生活世界的教学方式。与之相反的启发式教学是符合时代发展要求的教学方式，启发式教学强调教师要引导学生学习，做学生学习的"助产士"和"促进者"，要求师生双方平等对话，一同探索真理。教育者在教学过程中，首先，要发扬教学民主，转变以往师生之间"主体—客体"关系，建立一种"主体—主体"交互式师生关系，在教学过程中做学生学习的"引路人"，师生双方相互配合，实现预定目标。其次，学生的很多感悟是在生活中体会出来的，在相互交流过程中教师要调动学生关注生活的积极性，将知识的学习与生活紧密相连，寻找知识和生活的契合处和交汇点，这样可以增加学生对生活的热爱之情，也可以形成良好的课堂学习氛围。因此，教学方式的转变，不仅是师生双方平等主体地位的体现，更是转变教育思想，提高教育质量的必然选择。

2. 激发学生将知识运用到现实生活

情感一直贯穿教育过程的始终，教育者在教学过程中做到以学生为本，与学生平等对话，可以激发学生学习的积极性。但是如果在师生交往过程中，不融入任何情感色彩，仅是"你说我听"，那么师生之间的交往便是"冷淡"的；如果没有情感的"掺杂"，那么教育者的教仅仅是教，学生的学也仅仅只是学。所以教育者在教学中要投入情感，进行有"温度"的教育，对于教育者来说在教育过程中以情感为基础，有情感地对学生进行有"温度"的教育，可以直抵学生内心深处，触动学生心灵，达到预期目标。因此，一方面对于教育者来说，教师应"换位思考"，在教学过程中站在学生角度，体会学生真实的情感，用"爱"去关心学生，用"情"去感化学生，缩短师生之间的心灵距离，这样的教育效果必然会显著提高；另一方面对于学生而言，在学习过程中如果能体会到情感的存在，必然就会激发学生端正学习态度，对于知识的学习就不仅只是停留在认知层面，而是更进一步达到对知识认同并践行的程度。另外，情感的存在可以使课堂变得更加"温暖"，更好地吸引学生关注课堂，热爱课堂，因势利导使其进一步关注生活，热爱生活，这就会形成一个良性互动，把"让我做"转变成"我想做"。因此，教育者在教学过程中，需要在尊重学生主体地位基础上，融入情感因素，以激发学生对知识的渴求和对生活的热爱。

（四）学校管理方式要贴近现实生活

学校对师生的考评方式和考核标准对师生的导向作用是巨大的，直接影响师生工作和学习的"着力点"，所以学校必须从师生的现实生活和实际需求出发，来完善对师生的考核评价机制，为师生提供有针对性的工作和学习导向。另外，与学生每天相伴的校园环境，发挥着对学生隐性教育的作用，因此学校必须重视校园环境的育人作用，发挥其隐性育人功能。

1. 改进对师生的考核评价机制

学生是活生生的个体，对学生评价机制的优劣会影响其学习的自觉性，对学生的考评应改变传统的单一的以"分数论英雄"的考评方式，倡导多样化考评方式和标准，对教育者应调整和完善教师考核方案，形成多层次、多样化的考核体系，找到二者之间的平衡点。

（1）多样化考评标准

优化对学生的考评方式，倡导多样化考评标准。学生的品德优劣不是一张试卷可以测出来的，对学生考核评价应采取多样化的方式，从而对学生有一个全面的、全方位的了解，同时也可以改善学生对分数的过分追求。

第三章 高校思政课程改革策略探究

首先，完善对学生的考评方式，目前学校对学生的考核评价仍以考试为主，如果一时难以改变这种评价方式，我们可以转变思想，更新理念改变考试内容，围绕学生的实际生活设置适当的题目，例如多出现生活中的案例，使育人和考试"相向而行"，实现考试和育人"两不误"。其次，注重对学生的过程性考核，关注过程性"动态"考核方式，引导学生参加志愿者等社会性公益性活动，在此过程中观察其思想和行为的变化情况，通过观察考核学生的实践和合作能力等。最后，实现评价主体多元化，对学生的考评只是通过考试和社会实践等评价，且考评者仅是教育者，这是单方面的，难以做到对学生的全面考评，我们可以探索除考试和实践之外的其他考评方式，例如同学同伴群体之间互评，他们之间每天朝夕相处，互相"知根知底"，对彼此在生活中的表现了如指掌。同时还可以在教育者的引导下进行自我评价，虽然这种评价可能会出现"虚假"情况，但是学生在经过"扪心自问"这个"痛苦"的过程之后，对学生的思想定会有所冲击。总之，无论采取哪种评价方式，一定要形成考评合力，并且要健全考评结果的反馈机制，总结考评经验，从而制定更加有效的考评方案，更好地发挥考核标准的其导向作用。

（2）完善教师考核评价标准

调整教师考核评价导向，多方面完善教师考核评价标准。教育要发展，教师是关键，考评标准对教师的工作方式和教学行为具有较强的导向作用，决定着教育者将主要精力用在哪些方面，所以高校应结合学校的教与学的实际情况，制定"个性化"教师考评要求。首先，在进行教师培训时应注重对其有方向性的引导，将生活教育理念作为培训的重要内容和主要方面，引导教师在教学方式和教学内容方面下功夫，在考评时注重对教师生活教育理念、教学方式和教学内容生活化方面的考评。其次，完善学生对教师的评价标准。在学生对教师进行教学评价时，把教师在讲授教学内容时是否与生活相联系，是否引导学生关注社会热点事件和热点话题，是否关注学生的思想状况，是否选取"接地气"的教育素材，是否制定贴近学生实际的教学目标等作为考核内容，发挥学生评价的反馈作用。最后，改进教师听课标准。把教师在讲授新课过程中是否关注生活，是否把知识与生活相联系，是否做到"以生为本"作为教师互评的参照标准。总之，通过完善对教师的考评标准，做到具体问题具体分析，制定符合本校实际的教师考核评价体系，以促进教学质量的整体提升。

2. 注重发挥学校环境的隐性育人功能

学校必须重视校园环境的育人作用，物质环境和文化环境同等重要。

（1）注重校园物质环境的育人性

校园物质环境是"有形"的，学生可以看得见摸得着。除了注重校园建筑等"大型"环境的育人性，还应关注校园"小型"环境的育人性，诸如在食堂、水龙头、图书馆等张贴相关育人标语，这些看似"不起眼"的标语，对学生思想的影响却是无声的。图书馆是学生学习的"主阵地"，教学楼是传授知识的主要场所，可以在图书馆和教学楼等主要场所摆设一些雕塑、名人画像等具有文化底蕴的物件，将没有生命的建筑赋予"生命"和"灵性"，这样可以对学生的教育达到事半功倍的效果。另外，食堂、宿舍和图书馆等的工作人员"时刻"陪伴在学生的校园生活中，他们的言行或多或少地会影响到学生的思想，如果他们素质既高又能够尽心尽力做好本职工作，那么学生感受之后对其思想的影响可想而知。所以，学校对他们应做到定期培训，以提高他们的整体素质，发挥服务育人作用。

（2）注重校园文化环境的育人性

校园文化环境是"无形"的，但是对学生思想的影响却是巨大的，它可以陶冶学生的情操，塑造学生的品格。另外，"活动是进行隐性教育的最好方式，是隐性思想政治教育的主要渠道。"在校园内开展积极向上、丰富多样、有艺术气息的文娱活动是对学生进行隐形教育的有效途径，学校必须充分利用校园活动的隐性育人作用，既要调动学生参与活动的积极性，又要结合活动对学生进行思想政治教育，实现全程育人、全方位育人。首先，学校可以利用重大节日的教育作用，例如在抗日战争胜利日、建党节、国庆节等这些非常具有纪念意义并可以"点燃"学生内心"火焰"的节日举行各种各样的活动，以激发学生们的爱国之情和报国之志。其次，学校可以利用大型会议开闭幕式、升国旗仪式等具有仪式感的活动对学生进行思想政治教育。最后，学校可以组织学生观看具有代表性的党和国家的一些重要会议，例如党的十九大开幕式等，这对学生的思想影响是不言而喻的。通过对校园文化环境不同方面的关注，从而形成拼搏、向上、进取的校园文化氛围，这对改善和提升学生的思想是不可或缺的。

二、高校思想政治教育科学化融合教学

(一)高校思想政治教育学科建制的科学化

1. 提升学科学理建制水平

(1) 坚定学科信仰和学科自信

思想政治教育学科信仰体现了教育主体对本学科发展前景的信心,对学科理念的坚持,对学科立场的维护和对学科观点的认同,是一种稳定的心理状态,在完善学科学理建制的过程中,面对理论问题的探讨,教育主体都要保持这种心理状态。高尚的学科信仰是学科自信的体现和学科自觉意识的表达。加强思想政治教育学科的学理建制,要求教育主体不仅对马克思主义基本观点和自身政治立场持有积极的认同感,更要对思想政治教育学科抱有坚定的学科信仰和自信心,并以此为动力,强化自身的主体地位。

(2) 加强元知识体系建构

首先,高校思想政治教育元知识体系的建构要立足社会实践。历史唯物主义认为,社会意识产生于物质资料生产方式等诸多要素所构成的社会存在,社会意识的发展离不开社会实践的进步和社会关系的演变。因此,立足实践、推动个体的社会化,是构建高校思想政治教育元知识体系的观念基础。

其次,加强对历史材料和现实经验的归纳与整理。对近代以来,尤其是建党以来思想政治教育的发展历程进行系统梳理,可以得出高校思想政治教育的发展规律。只要具备相应条件,社会规律可以反复作用,更加有效地推动社会实践正向发展。

最后,要强化规律系统内各层次之间的交流。高校思想政治教育的三个层次,即宏观规律(产生和发展规律)、中观规律(管理规律、工作规律和过程规律)和微观规律(教育规律和接受规律)之间存在着密不可分的联系,教育规律与接受规律呈主客体关系,过程规律是中介。因此,微观规律的发展和作用能够推动中观规律和宏观规律积极发展,宏观规律的进步又能作用于中观规律和微观规律的发展。强化各层次规律之间的交

流，使教育主体全面把握三个子规律，元知识体系才能更加成熟。

(3) 推进基本理论的再系统化发展

基本理论是高校思想政治教育的生命基础，基本理论的再系统化是在理论体系已经具备一定系统化水平后的进一步整合和探索。高校思想政治教育基本理论的再系统化，就是要不断对马克思主义及其中国化的相关基本理论进行系统整理与反思。高校思想政治教育基本理论的再系统化过程要注意以下几点。

首先，要将基本理论统一于实践基础。研究对象清晰化，能够为实践基础划分出明确的范畴，将此范畴内所进行的理论研究作为基本理论系统的核心部分，能够实现理论的系统性与实践的针对性相统一。

其次，要将基本理论统一于理论基础。实现基本理论与理论基础的统一，就是要将马克思主义及其中国化理论体系做出科学有效的解读和应用，并积极内化现代辩证唯物主义世界观和方法论，在理论研究过程中不断进行哲学反思，保证理论范式的科学性。

最后，要将基本理论统一于临近学科的理论前沿。正如前文所提到，高校思想政治教育学理建制所面临的问题之一在于学科理论系统缺乏开放性，系统内的要素与外界缺乏信息交流。要加强临近学科间的多边互动，就要与邻近学科和交叉学科的学术前沿积极对话，借鉴交流，彼此相互促进，共同发展。

2. 优化学科社会建制质量

社会建制是学科成熟发展的物质保障，也应是思想政治教育的优势所在。在优化本学科社会建制的方式问题上，我们将重点讨论如何以优化机构设置和加强制度建设来提升高校思想政治教育科学化水平。

(1) 加强宏观控制，调整机构设置

首先，整合现有学科组织。在行政权力系统的推动下，绝大多数高校马克思主义学院的各方面建设均取得了良好的成绩。但是，作为发展中的学科，建制性的思想政治教育理论研究系统和实际工作系统的组织化程度有待提高。提高现有学科组织的系统化水平，仅仅依赖各高校的马克思主义学院工作是不够的，必须上升到更为宏观的视角。通过全国和各地方的统一规划和合理控制，加强思想政治教育研究会、思想政治理论教学指导委员会等机构的建设，普遍提高各高校组织化的总体水平。

第三章 高校思政课程改革策略探究

其次。建立理论研究和实际工作两大系统的交流机制。要实现两大系统的交流和沟通。体制机制的保障必不可少。学术研究系统的科学化旨在丰富高校思想政治教育的教育内容,实际工作系统的科学化目的在于使教育内容的应用更加具体化,两大系统之间存在自发的联系。在多次交流的基础上必然形成相应的交流机制。但是。我们不能被动等待交流机制的发展,必须主动扩大经费投入。加大建设力度。建立相应的体制机制保障,实现理论与实际的结合应用。

最后,充分利用各种社会资源为优化学科社会建制服务。近年来。哲学社会科学的发展受到国家和社会的广泛关注。作为一门理论性与应用性并存的学科。马克思主义理论及其下设二级学科所具备的社会资源已十分丰富,表现为科研经费逐年递增。各类红色资源面向高校的无条件开放等。高校要合理地利用社会资源,科学分配科研经费,充分发挥资源优势,达到优化学科社会建制的目标。

(2)理论联系实际,构建制度体系

高校思想政治教育制度是思想政治教育活动的行动指南,为教育活动提供预期并形成秩序,其功能主要包括导向作用和调控作用。因此,构建科学的制度体系,必须使高校思想政治教育制度具备合理性、合法性和现实性。

首先,保证制度内容的和合理性。科学的制度内容能够带来主体的价值认同。高校思想政治教有制度的合理性在于其内在实质与外在逻辑的一致性。表现在制度形式内容与学科内在规律的一致性。二者的一致性越高,则制度的合理性越强。在制度制定的过程中,制度规则必须遵守制度理念。并具有相对稳定性,在一定时间段内制度主体都能够适用,不可随意改变。

其次,保证制度体系的可操作性。制度现实性的实质在于理论和实践的一致性。即可实现性和可操作性。

(二)高校思想政治教育主体建设的科学化

1. 加强教育者主体建设

高校思想政治教育的主体主要包括思想政治理论课教师、辅导员、党政干部和团委干部、心理健康教育者。要全面提高教育者的整体素质,必须兼顾教育主体的每一个组成部分。

（1）建立思政理论课教师培训体系

加强思想政治理论课教师队伍建设，就要培养一批政治立场坚定，理论基础深厚，职业理想崇高的骨干教师。为此，各高校要建立完善的教师培训体系。

（2）构筑高校辅导员队伍科学模式

辅导员是教育主体中与学生联系最为密切的部分，是高校日常思想政治教育的责任主体。确保辅导员队伍科学发展，不仅要按合理比例确定辅导员的数量，明确辅导员的职责范围，还要对辅导员队伍进行定期培训与考核，并严格按照考核的结果对辅导员工作作出评优奖励，以确保辅导员的工作热情。

（3）明确党团组织职责分工

高校的党团组织承担着组织实施思想政治教育工作的重要责任。明确组织内分工有助于发挥党团组织自身的优势，提高思想政治教育各项活动的实施效率。在宏观政策制定的过程中，要发挥领导层的方向性作用，在各项具体工作的开展过程中，要依靠学院中层、基层党团组织的力量。

（4）组建专业心理健康教育队伍

高校思想政治教育总目标与心理健康教育总目标具有内在一致性，即实现学生的自由全面发展。开展高校思想政治教育者主体建设的重要途径之一在于组建专业的心理健康教育队伍，并使其与思想政治理论课教师相结合，充分发挥高校思想政治教育德育功能与智育功能的统一。组建专业的心理健康教育队伍，最重要的是人才，除制定严格的准入制度外，还应对已经迈入队伍的教师进行系统专业的训练，增强教师的心理辅导意识和行为矫正能力。

2. 加强受教育者主体建设

基于"95后""00后"高校学生这一特殊群体自身的优势和不足。受教育主体建设工作的重点在于对受教育者开展主体性教育和价值观教育，增强高校学生的个体自信和民族自信，培养学生的主体意识和政治素质。

（1）主体性教育，激发内在教育需求

发展受教育者的主体意识，引导受教育者独立自主、自觉能动地进行认识和实践活动，是主体性教育的最终目的。高校思想政治教育受教育者的主体性教育，主要可以从以下几个方面入手。

首先，启发受教育者主体意识。主体意识代表着受教育者内在的教育需求，主体意识越强。受教育者的教育需求就越高，越能得到更健全地发展。为启发受教育者的主体意识，教育者应树立新的教育理念。尊重学生的主体地位。为学生保留自我学习的时间和空间，以学生组织（如学生会、社团）作为学生自我教育的平台。积极肯定学生的工作，并引导学生以各种形式的实践活动创设和谐、宽松、民主的校园文化环境。

其次，增强受教育者主体能力。主体能力主要指受教育者的自控能力学习能力和创造能力，优越的主体能力能够使受教育者可以独立自主、自觉能动地计划和规范自己的学习活动，并取得良好的学习效果。最了解受教育者教育需求的人是受教育者自己，增强受教育者的主体能力，就是培养受教育者的自主性和创造性，使他们成为自己活动的计划者和实施者。

最后，塑造受教育者主体人格。主体人格是受教育者思想政治修养的综合性概括，是受教育者人格尊严、价值观念和道德品质的总和。高校思想政治教育的意义不仅在于传授思想政治理论知识的工具性价值，更表现在完善受教育者人格的目的性价值上。塑造受教育者主体人格，就要在思想政治教育实践活动中引导受教育主体进行价值判断和价值选择，并增强受教育者的抗压能力和应变能力。

（2）价值观教育，坚定政治立场

单纯依靠受教育者的内在教育需求不足以保证受教育者主体建设的有效性。外在的教育行为是更有力的实施力量。"学校应该永远把坚持正确的政治方向放在第一位"，学校教育对树立受教育者科学的理想信念，塑造个体坚定的政治立场，具有更强大的指导力量。

首先，以科学的价值观教育树立受教育者崇高的社会理想。实现受教育者对核心价值观的认同，有助于树立受教育者共同的理想信念，增强受教育者主体的凝聚力。

其次，以价值观教育提升受教育者思想政治素养。受教育者的思想政治素养一方面来自个体的自我发展，另一方面来自教育主体的传递。价值观教育能够实现受教育者的"知行合一"。教育主体要用核心价值观引领校园思潮。学校要注重项层设计、坚持统筹协调、强化教育实践、巩固网络阵地。鼓励受教育者追随、宣传、践行社会主义核心价值观，从而推动受教育者政治素养的发展。

3. 强化主体间的双向互动

教育教学活动不是一个单向灌输的过程，需要教育者和受教育者的双向互动。主体间的互动效果直接影响主体建设的科学化水平。互动效果好，双方主体则共向发展；互动效果差，主体建设就失去了意义。强化主体间的双向互动可以通过以下几种方式。

（1）扩大互动空间，丰富互动内容

当新媒体发展到一定程度，教育主体可以利用新媒体与受教育主体实现沟通与交流，传统教育模式将自行消亡。两大主体的互动空间就不再限于课堂。互动内容也摆脱了传统理论的桎梏。

首先，互动空间从课堂教育拓展至课外教育。互动空间的拓展意味着两大主体有了更多的互动时间，教育者应利用新媒体带来的时空优势。在思想政治理论课课堂教学之余，利用新闻资源和数据资源为受教育者带来积极的影响。有了一屏之隔，受教育者更愿意表达自己内心的观点。通过虚拟的社交平台反而更容易得到受教育者的真实看法和态度，而这些信息在课堂上无法捕捉。教育者要充分把握这一资源优势。利用社交媒体，以平等的姿态与学生进行心灵的交流，并加以适当的引导。

其次，互动内容由学习互动发展到实践互动。提高认识的目的在于更好地开展实践活动，仅对受教育者进行理论知识传授的教学活动是不完整的。还要将理论知识传授与实践活动能力的培养结合起来。在此过程中，教师作为认识和实践的引导者要肩负起辅助者、推动者的作用，积极进行实践性教学，推动学生将所学知识内化成行为准则。与此同时，教育者还要加强与受教育者的情感互动，增强受教育者对教师行为的认同，并主动规范自己的行为，达到执行统一的教育目的。

（2）转换互动方式，提高互动质量

首先，将师生互动与生生互动结合起来。共同激发受教育主体的能动性。一方面，师生互动是主体间互动的基本形式，但师生之间的互动不是单向问答，而是双向交流。相互促进，共同发展。另一方面，生生互动可以增强受教育主体的凝聚力，教育主体应为受教育者提供生生互动的空间和机会，引导受教育者团体协作，取长补短，共同完成学习任务。

其次，提高互动质量，激发教育主体的创造性。在主体间互动交流的过程中。互动的质量往往比互动的形式更值得重视。要提高主体间的互动质量，教育者应转变观念，树立结果导向理念。切实设计有效方式，提升互动乐趣。使学生获得积极体验，使互动过程不再流于形式。

思想政治教育的过程不仅是书本知识的传递与学习，更是价值观念和政治立场的形成过程，是主体认识能力和实践能力提升的过程。在此过程中，教育者肩负着自我建设，引导受教育主体建设及加强与受教育主体交流合作的多重任务，应及时对主体建设科学化过程加以反思，并纠正自身的不足，确保高效思想政治教育主体建设顺利有效地开展。

（三）高校思想政治教育过程方法的科学化

1. 确立科学的教育目标体系

（1）构建层次分明的目标体系

高校思想政治教育目标体系的制定要以有关政策为依据，当前国家对高校思想政治教育总目标做出规定的主要有《中国普通高等学校德育大纲（1995年）》、16号文件和《国家中长期教育改革和发展规划纲要（2010—2020年）》等文件。根据对以上文件的分析和研究。高校思想政治教育分目标可以归纳为：树立科学的理想信念、培养学生的爱国主义精神、对学生进行道德教育、实现学生自由全面发展四个方面。

各高校要按照总目标的要求，结合本校的办学资源和高校学生的身心发展规律，将总目标中的每个方面加以细化和分解，制定自己的分目标。高校思想政治教育分目标的制定必须符合总目标的要求，并体现对总目标内容的安排和规划。例如，高校在制定分目标时可以按照年级划分。对低年级学生教育目标的制定侧重于角色适应，引导学生适应高校的课程安排，使学生掌握马克思主义及相关学科的基本原理，并培育学生基本的爱国主义精神；对于高年级学生教育目标的制定可侧重于实现学生的全面发展，这里的全面发展不仅指进一步深化学生对于基础理论的掌握、民族精神的凝聚和道德品质的磨炼，更在于提高学生的综合能力，即研究能力、创新能力和实践能力。对于即将迈进社会的学生，其教育目标的制定可侧重于职业观教育，包括培养学生正确的择业观念、职业规划方法和高尚的职业道德。

(2) 完善多维度目标管理体系

具备了层次分明的目标体系后，高校还需要通过完善管理体系为目标的实施创造条件，完善多维度的目标管理体系。

首先要加强科学的领导，领导本身是一种指向性的工作，领导者决策的科学与否决定了一个集体是正向发展还是误入歧途。因此，领导组织必须层次分明，科学授权，合理分工。高校思想政治教育的目标管理是一种自我控制与自我管理，为保证目标制定与管理的科学性，高校思想政治教育分目标的制定和目标体系的实施过程需要校党委、教务处、学工处乃至各学院共同参与。将职、权、责加以合理分配。

其次，要培养高校学生目标管理的自治意识。高校思想政治教育的目标体系从制定到实施再到反馈，每个环节都离不开学生的参与。受教育者存在内在的教育需求。因此，受教育者对于外部教育并不完全被动接受，而是带有一定选择性。坚持"以生为本"，启发受教育者将外在教育目标与内在学习目标统一起来，实现目标的自我制定、自我实施和自我管理。能够激发学生的学习意识，增强学生的管理能力，更有效地发挥自身主体地位，实现教与学的有机统一。

2. 实现教育方法系统化发展

教育方法体系是教学方法体系中的重要部分，是教育者在课堂教学过程中为实现教育目标，完成教学任务而采取的所有程序和途径所构成的有机整体。高校思想政治教育方法系统内在地包括言语体统、实物系统、操作体统和情感系统四大组成部分，相对地，常用的教育方法则包括讲授法、谈话法、演示法、参观法、实验法、实习作业法、陶冶法、探究法等。成功的课堂教学活动不可能仅依靠一种教育方法。教育者应结合不同教育方法的优势，形成合力，共同推动教学活动的发展。在优化教育方法体系的内部结构时，可以参照如下几个范式。

(1) 原理阐述与问题解决相结合

在培养学生的知识与技能时，要注重言语系统和实物系统的结合，这里的实物并不完全指向实际物质，也指代模拟情境和新媒体作用下的直观实例呈现方式。言语系统能够塑造学生的形象思维。通过基本的语言描述使学生对原理产生感性认知和观念形象，实物系统则有助于通过实践推动学生的感性认识上升成为理性认识，进而更有效地指导实践。

知识与技能目标是教学活动的基础目标。高校思想政治教育的基本任务在于通过原理阐释向高校学生传递马克思主义及其理论体系基本知识、观点和发展规律。但是,过于强调抽象理论的教学容易使课堂教学偏离实际生活,降低教学内容的可吸收性,难以引起学生的兴趣和认同,违背初始的教育目标。因此,借助现有实例引导受教育者根据所学知识对实际问题加以逻辑推演和严密论证,最终得到问题解决的方法,是增强高校思想政治理论课教学实效的重要途径。

(2) 适当灌输与启发教学相结合

谈到启发教学,就不得不正视言语系统和操作系统的相互作用。这里提到的灌输是一种适当的灌输,而非不考虑学生的接受能力一味地强"灌"硬"输"。由于马克思主义及其中国化基本原理的真理属性和课堂时间的限制,教育者不可能脱离最基本的言语系统直接发挥其他系统的功效。言语灌输的关键问题在于哪些原理和经验需要灌输,哪些规律和能力可以启发。

适当灌输与启发教学的有机结合有助于有效完成课堂教学的过程与方法目标。启发式教学主张先将问题和情境抛给学生。启发教学是一种由浅入深、层层深入的教育方法,教育者需借助逻辑清晰的言语表达,引导学生积极发挥主体性作用,增强学生的主体意识。

(3) 以理服人与以德服人相结合

注重将以理服人与以德服人相结合,就是坚持言语系统与情感系统的相互作用,从而达到高校思想政治理论课的情感、态度价值观目标。马克思主义哲学认为,在实践活动中,理性因素与非理性因素的作用不可相互替代。坚持以理服人,要依靠教育者通过逻辑清晰的课堂讲授和对话互动,向受教育者传递基础理论,使高校学生认识到思想政治教育学科知识体系的真理属性;坚持以德服人,则要求教育者通过发挥教师的示范性作用,营造良好的道德环境,运用情境陶冶等方式对学生的道德认识和道德情感加以正向影响,从而增强学生的道德意识,鼓励学生做出积极的道德行为,实现知、情、意、行的内在统一。

综上,言语系统是高校思想政治教育方法系统的基础部分,无论要实现何种层次的课堂教学目标都离不开清晰完整的言语表达。在此基础上,根据不同层次目标的实现要求,教育者需要在结构化的方法系统内实现教学方法的最佳组合，从而切实优化高校思想政治理论课的课堂教学质量。

3. 注重实证研究和学术交流

研究方法的科学程度直接影响学术研究的科学化水平。实证研究是与形而上学的经验主义研究方法相对立的存在，随着时代发展和思想政治教育学科自身的发展，实证主义研究范式已成为社会科学领域内主导性的研究范式，是适合高校思想政治教育学科的学术研究方法。在加强实证研究的基础上推动高校主体间的学术交流，有助于实现各高校共同发展，提升思想政治教有理论体系的科学化水平。

(1) 加强实证研究

这里的实证研究方法严格区别于西方的实证主义哲学。实证主义哲学将现象看作认识的根源。与马克思主义哲学主张的逻辑思辨方法完全对立：实证研究方法是逻辑思辨方法的基础，即科学研究的基础。可见，整理可感知现实的数据信息并作用于理论研究，系统描述现存世界的联系，是实证研究方法的主要特点。

高校思想政治教有带有很强的应用性。为进一步发挥学科的实际应用作用，学术研究更要加强实证。辩证唯物主义哲学主张在有效进行实证研究的基础上，丰富逻辑思辨，增强学科理论体系的科学性。从而更好地指导我国社会主义建设实践活动。

(2) 搭建自由化学术交流平台

良好的学术交流平台是高校思想政治教育内容和信息共享的有效载体，搭建气氛活跃、思想自由的学术交流平台，积极开展学术交流活动，有助于激励各方主体敢于交流、大胆创新，为开展高校思想政治教育实践活动奠定坚实的情感基础。

首先，力求规范，体现学术交流平台的科学性和实效性。学术规范意识是学术活动的前提和基础。对于学术交流具有重要意义。学术规范规定着学术话语的基本体系和学术见解的呈现方式，要促进高校思想政治教育学术活动实现更全面的人际交流、校际交流、甚至国际对话，必须确保学术规范的广泛遵守。学术规范的水平还关系到学术交流的深度和质量，只有将学术规范严格化。在已有学术成果的基础上科学设定学术规范，精确把握核心问题，全面梳理现有资料，才能增强学术交流的实现，开展高质量的交流活动。

其次，着力创新，体现学术交流平台多样性和组织性。构建一个繁荣的学术交流平台，就要创新学术交流的活动形式。通过相关著作的出版、开展系列学术报告、举办各类论坛、推进校际学术交流等多种活动促进学科内多元主体的相互借鉴，实现各种观念和思潮的碰撞，并激发研究主体的求知欲和研究灵感。此外，研究主体应充分重视高校思想政治教育学术交流平台的教育服务功能和组织管理功能。以日渐多样的交流活动为载体，使参与者在活动过程中将交流成果与高校思想政治教育基础理论结合起来，并内化为自身的行为准则，丰富学科知识体系，促进学科专业化发展。

最后，结合形势，体现学术交流平台的时代性和灵活性。学科知识体系内不但包含了基础理论，还包括对当代世界经济与政治现状的研究。面对国际关系的博弈与国内价值主体多元化的发展态势，高校思想政治教育的学术交流活动也必须具有鲜明的时代色彩。交流活动的内容与形式都要涵盖学科前沿，体现在内外的环境特征和我党所持的基本态度。

高校思想政治教育学术交流平台的建设应当坚持从实际出发，确保各方主体针对当前学科面临的切实问题展开交流合作。高校思想政治教育的切实问题在于新时期背景下如何加强对学生意识形态的培养。在开展学术交流活动之前，各方主体应对学生的思想状况及其成因进行较为透彻的了解，并以学生当下的心理特征为前提开展活动，以保证学术交流平台的灵活性。

（四）高校思想政治教育评价反思的科学化

对教育结果进行客观全面的评价，并将评价结果用以参考新的教育目标制定与实施，其目的在于更好地推进高校思想政治教育评价反思的科学化发展。

1. 科学设定评价指标体系

高校思想政治理论课教学评价指标体系的科学化程度决定了评价活动的水平，因此。建立科学合理的评价指标体系成了教学评价的首要任务。高校思想政治理论课教学评价指标体系内在地包括了指标项目、权重集合和量化方法三个组成部分，三个部分相互联系、共同影响着教学评价指标体系的整体性功能。

（1）规定有效的指标项目

教学评价指标项目的制定必须与教育目的和教学目标保持一致。教学评价指标项目是高校思想政治教育目的的体现，是思想政治理论课教学目标的全面再现。如果教学评价指标项目游离在教育目标之外，教学评价将失去意义。因此，指标项目的设置应以学生的全面发展为基础，具有丰富的实践性和可行性，保证其内涵质量最优，注重定量评价与定性评价的结合，保证通过测量能够得出明确结论，使指标项目得到主体的广泛认可，具有切实的可行性。

（2）保证权重集合的信度和效度

权重集合代表着各指标项目之间的关系，体现了指标项目的系统性。指标项目是教学评价指标体系中必不可少的子系统，是各个项目相互作用的有机整体。作为一个整体，各指标项目的设置就要体现其结构性。评价指标要侧重于实际应用，以坚持从实际出发、收集第一手材料来确保权重集合行之有效。

（3）采用科学的量化方法

量化方法必须体现高校思想政治理论课教学评价指标体系的应用范围，并与教学评价的目的相适应。但出于高校思想政治理论课教学的群体性，主体要尽量确保量化方法简单易行，并制定一部分具体指标作为监控参数，如出勤率、及格率等。

2. 建立多维教育评价体系

从教学内容出发，将知识评价与价值评价相结合；从教学方法出发，将内在评价与外在评价相结合；从教育理念出发，将现实评价与潜在评价相结合。

（1）知识评价与价值评价相结合

高校思想政治教育存在其知识属性。通过课堂教学，能够使学生掌握党和国家的指导思想和基本规范。对高校思想政治理论课进行教学评价首先要注重对高校学生掌握和理解知识的程度进行考试和考查，以考试和考查的各项结果为依据展开评价。这是对课堂教学的知识性评价。

高校思想政治理论课的教学任务不仅在于向受教育者传授理论知识。培养受教育者解决问题的能力，而且还在于引导受教育者将所学知识内化为价值观念和行为准则。这是高校思想政治教有的价值属性，评价高校思想政治理论课的教学实效,必须以学生政治方向的科学性程度和价值取向的合理性程度为依据。

高校思想政治理论课教学的知识评价和价值评价是以教学内容为基础而展开的。当知识评价与价值评价都能得出合理的结果,则可认为实现了成功的课堂教学。坚持知识评价和价值评价的有机统一,就是坚持了马克思主义关于成功所要坚持的真理原则与价值原则的统一。

(2) 内在评价与外在评价相结合

一方面,高校思想政治教育的教育主体是具有能动性的人,教育者会自觉针对教育结果进行内在评价,也就是自我评价。自我评价的特殊性在于评价主体是教育者本身,自我评价的标准通常是教育者对于教学效果的预估和课堂教学取得的实际效果之间差异。内在评价有助于教师及时调整教学方法,实现教师的自我发展。

另一方面,仅仅依靠教有者内在的自我评价而进行的教学反思是不全面的,改进教育手段和教学方法需要借助外在评价的辅助作用。外在评价包括高校学生对教师的评价、教师之间的相互评价和高校进行的各种教学评比活动等。外在的评价结果能够客观地反映教育过程中存在的问题,激发教育者的团队合作意识和良性竞争意识,全面提升教育者的教学水平。

(3) 现实评价与潜在评价相结合

一方面,高校思想政治教育具有现实价值,包括知识体系的真理性、教育环境的客观性和教学方法的针对性,综合运用有效的现实要素能使高校思想政治教育更好地为当下服务。现实评价是衡量高校思想政治教育现实价值的重要标准,完善高校思想政治理论课教学的现实评价能够及时反映现实问题,切实提高教育效果。

另一方面,高校思想政治教育还会对受教育者产生间接影响,这种影响并不直接体现在受教育者的外显行为,而是发挥自身的"后劲"。伴随着受教育者持续发展,这就是高校思想政治教育的潜在价值。从长远计,高校思想政治教育不仅要着力于现实价值,更要注重实现其潜在价值。

3. 合理运用教育评价结果

健全的评价指标体系和多维的教学评价方法能够为教育者带来有效的教学评价结果,科学合理的教学评价结果能够良好地发挥其导向、调控和激发功能。主导教学活动的实质倾向,使教学活动的重点问题显而易见。

鼓励教育者对课堂教学的评价进行评价,从而完善评价体系建设,推动教学活动进一步发展。

(1) 主导教学活动实质性倾向

新时期的高校思想政治理论课教学评价要以国内外环境为背景,以教育目的和教学目标为基础,以提高教学质量为目的展开。基于指标项目的科学性和量化方法的合理性,教学评价的结果带有客观性和公正性。高校思想政治理论课的教学评价结果能够为教育者的发展提供参照坐标,通过分析评价结果,引导教师提升教学技能、改革教学方法、优化教学过程,发挥教学评价的导向功能,教学评价才具有现实意义。

(2) 突出教学过程的重点问题

基于权责系统的信度与效度,教育评价活动得以既全面又侧重地开展,这使得教育评价的结果既具有全面性,又具有针对性。坚持在全面了解的基础上突出重点问题,就是坚持辩证唯物主义矛盾分析方法。教育者通过对高校思想政治理论课教学评价的结果进行数据化统计与分析,能够得出教学过程中存在的普遍问题与核心问题。并集中力量加以解决。

(3) 激发课堂教学元评价意识

对高校思想政治理论课进行教学评价,目的在于更有效地开展教学活动。但是,教学活动是一个动态发展的过程。教学评价的指标体系和方法体系也要紧跟教学活动的发展。一旦教学评价指标体系和方法体系滞后于教学活动发展现状,评价活动将不再合理恰当,就会产生一系列负面效应。这些现象从对教学评价结果的分析中就可以得出。理性分析教学评价结果,能够引导教育者对教学评价的质量加以评价,即元评价。教育主体具备较强的元评价能力,有助于及时调整教育评价指标体系和方法体系。减少由于评价指标和方法不当带来认知上的偏差。

三、信息技术和高校思政教学的融合

(一) 高度融合的对策

思想政治教育与信息技术的相互融合,绝不仅仅停留在"信息技术+思想政治教育"的单纯字面形式上。"信息技术+思想政治教育"是在融合的基础上,让二者之间相互作用,相互促进。思想政治教育工作者需要不断扩大自己的知识面,开拓自身的学术视野和公众视野;学会宏观看待思想政治教育与信息技术融合,也要在融合之中从细微处找到思想政治教育与信息技术的共同点,让二者之间产生奇妙的化学反应;在不断的融合探索中让二者相互作用于自身,实现两者之间的转化。

1. 体现思想政治教育的整体性

在宏观规划上,做好思想政治教育与信息技术融合才能更加凸显思想政治教育的全局性。当今我国正在进行全面网络空间治理,思想政治教育与信息技术的融合成为我国社会建设的主要任务之一,为思想政治教育的意义找到正确的定位是非常有必要的。而思想政治教育与信息技术的融合,就代表着思想政治教育已经找准了自己在当今网络强国建设中的位置,也明确了自己的发展方向。同样为了朝着更加明朗的方向发展,就必须让思想政治教育在信息技术融合中形成自己特有的理论,产生良好的群众作用,这样才能够实现真正意义上的成功。在我国加强网络环境安全的建设中,思想政治教育可以充分发挥自己的作用,引导正确的网络舆论走向;在网络空间不良行为和氛围的治理中,思想政治教育能够为净化网络空间提供思想指引,促进和实现健康网络文化的形成。让思想政治教育进入网络,重新建立起一个健康文明的网络空间。

因此,思想政治教育无论何时,都在时代的发展中扮演着至关重要的角色。想要时代不断发展,就不能将思想政治教育隔绝在发展之外,要将现代技术与政治思想相结合,既能让思想政治教育指引时代发展中人们的思想,促进信息技术的发展,又能让思想政治教育在信息技术的推动下,更加与时俱进。

2. 强化思想政治教育的预见性

思想政治教育的预见性,就是在不断掌握思想政治教育与信息技术融合的一般规律后,可以预见思想政治教育未来的发展走向,让思想政治教育的发展更上一层楼。与信息技术相同,多年来思想政治教育随着我国社会经济的发展也在不断发展。尤其在近些年的发展中,思想政治教育工作者要不断注意思想政治教育的发展规律,预见思想政治教育的发展趋势;不断关注青少年群体的思想成长,利用网络信息技术的发展,引导青少年形成一个正确的价值追求和思维方式;不断净化青少年的话语模式,让青少年养成良好的行为习惯。

3. 增强思想政治教育的实效性

思想政治教育的有效性是开展思想政治教育与信息技术融合的重要目的。这就要求思想政治教育工作者要明确认识到，思想政治教育搭上现代科技信息技术这趟网络便利车之后，相较于传统思想政治教育信息时代下的思想政治教育，应该在这趟便利车上"做什么"和"怎么做"。现代思想政治教育，在与信息技术融合的探索上，不应该只局限于把过去的教学内容放到信息技术平台上，这样的表面融合远远没有让思想政治教育的有效性最大化。这样的融合还停留在传统思想政治教育教学的形式上。新时代的思想政治教育需要教育工作者仔细研究信息技术平台的特点，了解思想政治教育的发展方向，考虑如何赋予传统的思想政治教育一个新的形式，如何为一直讲述的老内容增加新的含义。新时代的思想政治教育既要囊括传统的思想政治基本原理，也就是我们所说的一直坚持不会变动的"老内容"，也要赋予思想政治教育新时代的含义和内容，例如让大众对新兴的媒体平台和媒体技术有一个正确的认知，让大众学会如何来正确看待如今流量火爆的媒体平台，让大众坚定正确的人生观和价值观，不盲目跟风。思想政治教育工作者可以通过各大网络平台来帮助民众答疑解惑，增加民众之间的互动，让民众变成自己的粉丝，这样对于人们坚定正确的政治理想和树立正确的人生观都有很大益处。并且，在不断的互动当中，思想政治教育的传播力度也得到了加强。

（二）互联网时代提升思政教学实效性的对策

习近平总书记曾在 2016 年全国高校思想政治工作会议上，发表了关于加强高校思想政治工作的讲话，强调思想政治教育要根据时代的发展更加具有亲和力和针对性[①]。所以，作为高校思政课教师需要具备以下素质：

1. 整合互联网资源，丰富教学内容和形式

（1）学会通过网络搭建第二课堂。教师可以在思政云课堂的 APP 上多发布一些对相关时事的报道，也可以调动学生对热点话题的正确讨论方向，帮助学生在生活中形成正确的分析能力。

---

① 引自 2016 年 12 月 7 日，习近平在全国高校思想政治工作会议上的讲话

（2）充分发挥 APP 等互联网辅助教学手段。教师要充分利用云课堂 APP 等手机软件的其他作用。利用这样的辅助手段更好地设置让学生喜欢的教学内容和教学环节，能保证最大限度地发挥思政课堂的时效性。通过这样的环节设置可以让学生迅速全面地掌握知识内容，大大增强了教学的效果和效率。并且在日常的教学中也可以在 APP 内设置一些有趣的问答，帮助学生巩固所学的知识，让学生在不断巩固的同时将这样的思想付诸实践。

（3）通过数字网络技术向大家介绍数字博物馆。数字博物馆可以充分激发学生的学习兴趣，提高教学效果。

（4）通过网络做实时调查。思政课当中有很多需要学生进行社会调查的地方，而网络调查则比以往传统调查更加节约时间和成本，效率也更快。

（5）教师通过微博、今日头条等自媒体平台发布新闻，发起学生讨论，纠正学生的历史观和价值观。并在讨论中帮助学生学会用马克思主义的思想来分析和观察问题，树立一个正确的立场和价值观。

2. 加强思政课实践教学的过程管理

互联网技术使思想政治教育的教学过程更加透明化，教师也可以随时随地通过 APP 等社交软件和思政自身的云课堂 APP 来观察学生的动态，调整自己的教学方式。

（1）运用互联网技术开展思政课互联网云平台实践教学是思政教育的一次前所未有的改革。这样的改革效果显著，很大程度上保证了学生学习的积极性和参与的广泛度。

（2）互联网时代的思政课实践教学让学生可以全身心投入，参与每个细节。

（3）教师可通过网络教学平台，在云课堂中全程掌握每位学生的学习、生活和思想动态，并且可以随时随地与学生进行讨论，纠正学生的思想观念，帮助学生走出观念误区，解决学生生活中遇到的一些思想问题，让思政教育更加具有针对性。

3. 丰富实践教学作业及考核形式

思政课教师在互联网模式下对作业的考核形式也更加丰富。例如在考核中增加以下方法：

(1) 视频作业形式。教师可以根据课程章节，让学生以个人或以小组形式完成视频作业。教师依据每位同学参与的态度、表现、实际效果等给出成绩。

(2) 音频作业形式。教师让学生自由选择现代诗歌、古诗词等文学作品进行深情朗读作为音频作业。

(3) 活跃指数做评价。教师根据学生在 APP 教学平台上的发言次数及作业完成情况等进行评估，最终做出评价。

(4) 动态考核形式。通过 APP 设置签到模式来调查学生的积极性，并作为成绩考核指数。在每个教学环节中都设置一个签到程序，这样可以在线上对学生的参与次数进行考核。每个环节过后要有总结阶段，这样就能在每个环节对学生的参与情况和参与成果有所了解，再展开与学生的讨论。

互联网的快速发展影响着人们的生活方式和教育方式，思政教育也需要在互联网的发展下做出相应改变，来响应习近平总书记的号召，帮助学生形成正确的分析能力和逻辑思维方式，形成积极向上的心态和处世观念，打造思想政治教育课的时代性、亲和性和时效性。

（三）互联网云平台的高校思政课多维互动

信息时代技术下的高校思政课教育教学发展是众多教育工作者一直在思考的问题，如何能够通过互联网资源开发出更多适用于思想政治教育发展的模式是重点。通过查阅相关资料，以及对全国各高校进行走访调查，最终发现互联网云平台空间极受广大高校教师和工作者欢迎。这也进一步显示了我国高校思政课在国内的成就。

1. 创建移动 APP 教学管理端

目前有一款叫作蓝墨云平台的移动端思想政治教育 APP 软件，对于现在已经习惯了用移动互联网来查看信息的学生，无疑是非常适合的。这类软件新颖的模式很贴合学生的日常生活，并且也改变了以往过于呆板的教学方式。高校思想政治教育通过信息技术的更迭，自己创建的网络移动 APP 让学生可以随时随地与教师进行沟通。这样的移动信息化辅助教学软件改变了以往学生对于传统思想政治学习过于死板的抗拒心理，充分将传统的思政教育知识和时下热点与学生比较关心的话题联系在一起，促进大家讨论。这样比微信公众号、微博甚至是网站的效果好很多。因为这是专门为思想政治教育打造的平台，信息更全面，功能也更多。并且其研发是基于大量的教育工作者多年的调研，更加适用于教师教学，甚至是学生的日常生活。有了这样的 APP，思想政治课教师可以提前将课程上需重点讲述的内容展示给同学们看，并且可以随时和同学们进行互动，既让学生在轻松的氛围当中了解课程，又可以针对学生的课前反应来对课程的教学方式和教学步骤做出改变，力求能够帮助学生更好地接受思想政治教育。

2. 开展思政课堂环境中的师生互动

思想政治目前开发的新款移动 APP 加强了思想政治教育与学生之间的互动。并且可以通过这款移动客户端来随时随地与学生交流，在交流中不断帮助学生提高逻辑分析能力。同时思想政治云课堂也对线上教学模式进行了创新，加入了传统的教学模式，将课前预习、实时课堂以及课后考卷都列入了 APP 的教学活动当中。针对一些特殊的实践过程，APP 还会为学生做好提示，让学生发表自己的言论和感悟。并且在云课堂中，观看教师的课程时，学生可以发送实时弹幕，无论在直播当中还是在播放视频中，弹幕都会显现。教师也可以通过这样的方法总结一些学生的难点和疑点，之后在课堂中与学生进行讨论。

思想政治云课堂 APP 在开发当中，利用了时下最先进的云计算技术，结合虚拟互联网的便利帮助思想政治教师拓宽教学方式和方法。而且其传播方式广泛，查看方法方便，只需要学生在 PPT 上扫码就可以关注这款 APP，可以随时随地保证与教师的交流。而学生在接受了思政课的教育之后，就会由内到外向自己身边的人进行扩散。这样一来便起到了很好的传播效果，让越来越多的人受到思想政治教育的帮助。一些曾经面对教师不敢提问题的学生，因为网络变得活泼起来。教师也改变了以往刻板教条的形象，成了学生的倾听者和陪伴者，这样的转变让人们更加喜欢思想政治教育，更愿意接受思想政治教育工作者所传播的思想。有些面对面难以沟通的问题，也可以在网上进行交流。

在传统的思想政治教育课当中，有时课程教育内容知识点很多，教师为了赶进度，缺少和学生的互动，也无法开展过多比较有趣的教学模式，这样就让课堂变得索然无味，吸引不了学生的兴趣。而思想政治教育 APP 的云课堂就充分解决了这一问题。利用思想政治教育 APP，学生在课前就获得大量的知识点，为教师在课堂当中知识点的讲述减轻了压力，也让课堂变得互动性更强，更具有趣味性。教师也可以通过思想政治教育 APP 获取大量的专业数据为教学做准备。从一定程度上来说，这款 APP 的研发解决了教师和学生的很多问题。首先是解决了教师收集资料集中度不高的问题，其次是解决了学生总是觉得思想政治教育课程太过于死板和无趣的问题。这两个问题的解决既能够让教师的课堂教学效果有所提高，也很大程度上调动了学生的积极性。可以说，这款思想政治云 APP 解决了思想政治教育上的两大主要矛盾。思想政治云平台的智能化提供了大量获取信息的机会，是思想政治教育发展和教师教学的最佳辅助手段。不过在高校教师使用时要注意，如果课堂中的 PPT 内带有大量的音频文件，可能会导致网络卡顿，所以在课前准备阶段一定要注意好对量的把握。不能因为音频吸引人就都利用音频来吸引人的眼球，要凭借日常生活与思想政治教育之间的联系来做到让人们喜欢云课堂。必须要强调的是，虽然高校阶段的思政教育课程 APP 会为思想政治教育课程带来诸多好处，但是目前的思想政治教育 APP 也存在着一些问题。例如同其他 APP 相同，这款 APP 也会涉及和透露很多学生与教师的个人信息。并且教师所运用的各种各样的音频也会对大数据产生一定影响，同时对于有些同学在手机上查看的时候会因为载入 PPT 文件过大而变得有些卡顿。这也是目前思想政治教育云端 APP 需要解决的一些问题。

3. 加强学生个人思想动态信息的收集与反馈

借助云课堂平台 APP，思想政治教师可以更加便利地收集学生个人思想和个人动态的息，从中看到学生日常生活的思想的反馈，教师在这样的反馈当中可以对学生进行实时引导。帮助学生在遇到一些问题和行为有偏差时，改正自己的错误，树立正确的价值观和人生观，学会用正确积极的方式解决眼前的问题，而不是用消极的态度来面对问题。另一方面，从客观层面来说，在所有互联网平台空间上，目前呈现思想政治教学内容最全面、最多维化的 APP 就是思想政治云课堂 APP，虽然存在一些缺陷需要改进，但可以说目前这款 APP 是所有同类软件中的佼佼者。

(四) 高校思政课的"云课堂"教学

1. "云课堂"的应用

关于云课堂的应用，结合目前教育借助云计算的改革以及新型教学模式等方面，我们可以总结出以下几个方面。

(1) 在计算机基础教学中的应用

"计算机应用基础"课程是大学（非计算机专业）当中的必修课，也是计算机的入门课程。目前通过教育的深化改革和教学师资力量的增强，众多高校包括高校在内，将计算机基础课全部都安排在云教室环境下进行教学。课程的教学知识点、各类练习题、考试题等都会由教师在云课堂上一发布。教师在课堂之中通过云课堂来进行讲解，可以通过云课堂观看所有学生的习题完成情况，并针对学生的完成情况进行讲解。这样也解决了很多学生觉得计算机课程枯燥的问题。一边让学生动手做，一边由教师进行讲解，能够增强学生的学习效率，教学目标更容易实现，教学效果更显著。同时，如果没有听懂课程，在课下也会看到云课堂上的教学内容，并且还会有对应习题的演示，这样就更加方便学生学习。同时也可以在班级内增加讨论组，让学生就一些难题互相讨论，增进学生之间的交流，培养学生团结协作的精神。而且在云课堂中，学生有不会的问题也可以直接请教教师，帮助学生加强了与老师的沟通。有了良好的沟通，在实体课堂当中，教学氛围就会变得更加融洽，学生的学习信心也更足。

(2) 在仿真、模拟教学的应用

一般的高校都会为学生安排很多实践活动，而云课堂的创设就为学生开创了另一种实践方式。学生可以在云课堂的仿真软件中真实操作，这样节省了场地，也让学生不必经常往返于各个实习地点。学生很容易适应这样的技术学习，效果也更好。这些教学仿真模拟器都集中在云课堂上，所以学生在云课堂的桌面上可以通过登录模拟软件系统来进行操作，方便快捷。教师更能清楚地观察学生在实践中的表现以及出现的问题，在过后可以随时与学生交流，教导学生及时改正一些缺点，真正拥有良好的技术。一些高校的学生在考专业证书时，也许之前会因为大家都挤在一个场地学习而耗费很多排队的时间，现在有了这样的便利软件，就不会再出现这样的情况。大家都可以通过云系统来进行练习，避免了等位耗费的时间，又避免了一些同学在看到同学等位时,心里会出现的紧迫感。云系统帮助学生创造了更多的实践机会,也让学生做了更多的职场心理建设,有利于今后高校学生在社会生活中的发展。

(3) 在专业设计课程的应用

在云课堂教学的时候,教师都可以和学生在一样的机器上进行观看。而且教师和学生可以在使用中不断总结系统出现的问题,反映给设计云课堂的团队,云课堂设计师会根据教师的要求重新规划改进技术。在改进中,每个步骤都会详细地解释给教师和学生听。学生在教师讲解时可以按下同步学习来记录教师的讲课过程。教师也可以在课上为学生布置一些设计内容,然后对学生进行点评。需要改进的地方,可以让学生课下将改正的作品传到云课堂,之后教师再进行反馈。这样既能够更好地辅导学生,也增强了学生的学习热情。因为传统的课堂中,学生如果遇到不会的地方或者是感觉自己做得不好的地方,在课下很难有时间与教师交流和沟通,自己不能够明确改进方向,而云课堂解决了这个问题。学生的主观能动性得到了充分的展现,教师的辅导和传道作用也得到了充分的展现。这样让教师和学生之间有了充分交流,有了施教和受教的良好渠道和平台。

(4) 开发设计在线学习云平台

无论云平台还是云课堂都让学生享受到了线上的便利。云课堂充分为学生的自主线上学习做了详细设计,且不局限于本校的学习。云课堂将全国所有高校同一专业的教学内容、名师授课、习题等视频和相关资料都整理在一起,以供学生在线上进行观看为了方便学生的观看,并考虑到学生的经济状况,只要学生输入自己的学号就可登录查看,没有任何的收费,完全无偿提供给学生最顶尖的一手专业资讯。学生可以向任课教师的微信号、微信公众号提出问题,老师使用移动平台针对学生学习问题给予指导,答疑解惑,受到了广大学生的一致好评。在初期就获得这样的反响对云平台来说是个不小的收获。

2. 云课堂教学的实现路径

云课堂刚出现的时候,每个人都面临着不同的挑战,要想解决这些情况,主要从以下几个方面着手。

(1) 增强教师云课堂教学适应能力

考虑到教师对云课堂的接受程度和接受能力不同,为了教师都能在短时间内掌握云课堂教学，对整体教师队伍进行云课堂教学培训是最可行的办法。一方面，在培训当中，可以通过专业人员的讲解培养教师的网络技术知识；另一方面，现在对教师的培训都有专业的技术手册，所以教师在培训之后自己也可以通过手册来进行学习。教师在掌握了基本的云课堂操作方法后，可以根据自身的学科来对云课堂的使用进行整合处理，根据自身的学科特点和教学目标来进行教学设计。在教学设计上要做到：第一，选择适合云课堂呈现的教学内容。在云课堂的使用中，教师需要学会通过云课堂的平台来获取丰富的教学资源，再将这些丰富的资源进行整合，制作成PPT或者是视频来方便课堂教学使用。第二，灵活运用云课堂教学形式。在传统的教学课堂中穿插进云课堂的教学形式，促进学科教学目的的快速达成。第三，要通过云课堂对学生的学习进行客观性评价。做到这三点才能让教师在掌握了云平台课堂的教学技术后，运用云平台教学技术增强学生对云课堂的适应能力，帮助学生通过云课堂树立自主学习的观念，并且养成自主学习的习惯。

（2）强化学生线上学习的自觉性

教师要想强化学生云课堂学习能力，首先就要建立起完善的学习评价制度，对学生自主的学习进行考核和监督，促进学生自主学习能力的形成。目前很多高校的云课堂平台之所以效果不尽如人意，都是因为缺乏评价和监督机制所导致的。学生的自制力不提高，云课堂的作用就不能充分发挥出来，当然也就没有学习效果可言。所以教师要建立起一个严格完善同时又人性化的监督管理机制。在保证学生可以进行学习的同时，也能够让学生感受到云课堂平台带来的欢乐，让学生开始真正喜欢加入到云课堂平台的自主学习当中。在长期的自主学习当中，学生的自制力就会显著提高。在具体的建立方法上，可以采取为学生建立电子档案考核的方式，将学生的实时学习动态和数据都做详细统计，来为学生进行考核，督促学生自律学习。

除了建立完善的监督制度外，对学生进行心理教育非常重要。针对学生的心理问题进行在线辅导，帮助学生从心理上对云课堂平台产生认同，并且关注学生的心理健康，鼓励学生多向教师进行在线心理咨询，促进学生有良好的心理状态来投入学习中。

(3) 教学内容形态多样化

在我国云课堂实行的现阶段中，云课堂的数字教材成了目前传统教学课堂中的宠儿。对于纸质教材和数字教材的性质和优势教师就展开了充分的认证。最终得出的结论是，纸质教材是数字教材发展的基础，数字教材则可以在发挥纸质教材作用的基础上促进纸质教材的内容得到更多学生的认可，也可以供学生按照自己的喜好进行个性化学习。数字教材在一定程度上也为学生的书包进行了"减重"。

(4) 加大师生课堂内互动、课堂外联动力度

要想让学生提高云课堂学习的有效性，教师首先必须要创新教学方式，让学生充分利用云课堂教学模式与教师进行沟通。教师在了解了学生的需求和心理后，结合教学内容来创新教学方法，让学生得到激励，开始主动努力进行云课堂的学习。在一定程度上来说，云课堂教学也为教师的教学创新提供了很多便利。翻转课堂教学模式就是很成功的一个创新教学模式，教师不妨多多尝试翻转课堂教学模式，并且在教学过程中不断总结经验，创新出更适合自己所教学生的翻转课堂教学模式。翻转课堂教学模式可以从课前、课中到课后实现师生之间的交互，极大地活跃了师生课堂内的互动和课下的交流。其次是云课堂辅导教师团队的建设和组建，云课堂的出现也增加了教师的工作量，所以教师要组建一个专业团队来协调工作，减少个人的工作压力，大家一起协同合作，共同完成好教学任务。团队既能够帮助学生高效解决问题，促进他们的云课堂学习能力提升，又能够让每个教师的压力都得到缓解，促进教师和学生的双重发展。

四、思政课实践教学

(一) 思政课实践教学内涵、目的与意义

1. 思政课实践教学的内涵

思政课实践教学，顾名思义就是在思政课理论教学全部完成的前提下，通过各种形式的具体实践途径，让学生进行体验和反思，进而达到对思政课课堂所学理论知识的消化、吸收，进而内化为学生自己的理念和价值观，外化为学生的具体行为，真正实现学以致用，同时帮助学生培养和

树立马克思主义的世界观和方法论,成为优秀的新时代建设者和接班人。

(1) 思政课实践教学的含义

思政课实践教学是思政课的一种教学形式,并不拘泥于某一种方式,而是多种不同方式的组合或者说结合,具体来说就是思政课内实践、校内社会实践和校外社会实践三种实践方式的结合。

思政课内实践是指在思政课的课堂教学过程中,思政课教师组织学生在课堂上开展诸如小组讨论、主题辩论、演讲、历史情景剧等活动,让学生运用思政课上所学的理论知识对某一个具体问题进行分析,提升学生对生活、对问题的思辨能力和解决问题的能力。

校内社会实践是指在高等院校校内通过各类社团组织或者与学校各个部门合作,如图书馆、团委等,在校内开展各种类型的校园文化、宿舍文化、班级文化和社团文化建设活动,让学生在参与学校的集体活动中提升团队意识和协作能力,提高自身的综合素养。

校外社会实践是指学生利用课余时间或者寒暑假,在校外进行志愿服务、社会调研、义务劳动、岗位见习、参观访问等活动,了解群众的冷暖疾苦,体察社情民情,让学生在社会参与中加深对社会的认识了解和情感体验,激发学生爱祖国、爱家乡的热情,培育和增强学生的社会责任感。

(2) 思政课实践教学是一种具体的教学形式

思政课的实践教学不同于学生在大学阶段进行的社会实践和专业实习活动。专业实习是在专业教师的协助和指导之下,大学生深入工作一线进行具体工作,旨在帮助大学生强化专业知识,提升学生素养。而大学社会实践活动则是高等院校按照人才培养目标对大学生进行有计划、有组织的社会锻炼,主要以暑期社会实践活动、志愿服务活动等为主,旨在提升学生理论联系实际的能力。思政课的实践教学是将思政课的课内实践、校内社会实践和校外社会实践三种实践方式有机结合,旨在将学生在思政课堂上所学的理论知识与具体的社会实践相结合,进而帮助学生树立正确的世界观、认识观和价值观,从而有效提升学生的思辨能力、创新能力和解决问题的能力。由此可见,专业实习和社会实践都与思政课实践教学有诸多共同之处,但是又有着明显的区别,思政课实践教学是一种具体的教学形式,它服务于思政课的具体教学目标,不是泛化的社会实践或者专业实习。

2. 思政课实践教学的目的

思政课实践教学环节是思政课教学的重要组成部分，其根本目的在于引导当代大学生理论联系实际，运用马克思主义、毛泽东思想和邓小平理论的基本原理、观点和方法，"三个代表"重要思想、科学发展观以及习近平新时代中国特色社会主义思想的要求去认识国情、了解社会，提高当代大学生分析问题和解决问题的能力，客观地、辩证地看待我国改革开放的发展历程和各种社会问题，加深对党的路线、方针、政策的理解。与此同时，通过实践提高大学生关注社会、关注现实的热情和能力，增强培养良好道德品质的自觉性，增强社会责任感，真正使"思政课"理论内化为学生的共识，坚定理想信念，确立科学的世界观、人生观和价值观。

具体来看，思政课实践教学的目的有：

第一，进一步巩固思政课课堂上所学的理论知识，初步掌握运用理论解决实际问题的能力；

第二，培养和锻炼大学生独立地、严谨地进行社会调查工作的能力；

第三，培养大学生收集、分析和判断我国各行业改革开放以来的重大变化现实，并运用马克思主义哲学方法解决实际问题的能力；

第四，激发学生爱祖国、爱家乡、爱社会的热情，增强社会责任感。

3. 思政课实践教学的意义

（1）有利于培养高素质技能型人才

思政课实践教学不只是课堂辩论和演讲，更多的是校内外具体社会活动的参与。具体来说，思政课的实践教学能够让大学生有机会接触社会，参与社会活动，真实体察社会生活，在社会生活中领会和感悟国家政策、方针的重要性，人民渴望喜乐安康的真实诉求，进而提升自身的政治素质、思想道德素质和法律素质。与此同时，引导大学生能够灵活运用马克思主义哲学思想来分析和解决实际问题，增强自身的素养与技能，真正成为对国家、对社会、对工作有用的高素质型人才。

（2）有利于提升思政课教师的教学水平

作为一名思政课教师，不仅要有扎实的理论功底，还要有掌控和驾驭课堂的高超技能，更为重要的是，思政课教师要在潜移默化之中将正确的"三观"、正确的思想理念渗透到学生的思想之中，让学生在思政课堂上有收获，有获得感。而这种获得感的产生主要源自两个方面：一是有远见、有深度和穿透力的学术理论；二是要有丰富的实践教学环节，让学生在吸收有引领和穿透力的思想的同时，能够真正体察和感悟到生活的真谛、社会发展的规律。这对于思政课教师来说是一个极大的考验，需要思政课教师精心思考和设计每一节课，尤其是能将认识上升为行动的实践教学环节的设计。因此，思政课实践教学有助于不断提升思政课教师的教学水平。

(3) 有利于推动思政课的教学改革与创新

思政课具有极强的思想性和理论性，同时也是实践性非常强的一门课。思政课实践教学不是一成不变的，而是要根据时代的发展以及学生群体特点的变化来适时地进行调整，这一调整本身就意味着要不断地对思政课的教学环节进行改革和完善，不断创新教学的方式方法，尤其是实践教学环节的教学方式和方法。实践教学环节是与社会实际与时代发展紧密结合的，必须以当代学生最能接受、最愿意接受的方式来呈现，这样才能激发学生参与实践的兴趣和热情，从而能够有效地保障思政课的教学效果，同时也能有效推动思政课的教学改革与创新，真正让思政课有温度、接地气，而不只是理论的输出。

(二) 我国思政课实践教学模式

思政课实践教学是一个比较笼统的概念，人们一般都倾向于从两个方面来认识，一是狭义的实践教学，二是广义的实践教学。狭义的实践教学主要是指与思政课的理论教学有着明确区别的社会实践教学形式，如田野调查、参与访问等。而广义的实践教学主要是指凡是有助于思政课教学，有助于提升学生思想政治素养与道德品质的，与实践相关的教学方式，都可以被称为思政课的实践教学。由于学生品质素养的培养与提升是一个综合且漫长的过程，需要多种方式和途径形成合力，为此本书所指的思政课实践教学主要是后一种，也即广义上的实践教学。

1. 思政课实践教学模式

教学模式是指在一定的教学思想或教学理论的指导下建立起来的较为稳定的教学活动结构框架和活动程序。教学模式是教学思想和教学理论的反映，不同的教育观之下往往会产生不同的教学模式，但是不管何种教学模式都是围绕一个教学目标，那就是作为教学对象的学生的成长与成才。

思政课是一门内容丰富繁杂，涉及范围又非常广泛的科目，而且在我国的高等院校教学体系中思政课还不止一门。总体来看，当前我国思政课的实践教学模式主要有三种，分别是课堂实践教学、校园实践教学和社会实践教学。三种类型的实践教学模式相辅相成、互有补充，从而能够充分发挥思政课的教育功效。实际上，三种类型的实践教学也确实有助于高等院校大学生道德品质与思想政治素养的提升。

2. 课堂实践教学

课堂实践教学是在课堂上创设一种情景或者设计一个环节，让学生亲身参与的实践教学模式，这种实践教学模式能够将课堂上教师的理论讲授与学生的亲身实践紧密结合起来，当堂讲授，当堂练习，加深学生对教师讲授内容的思考与认识。我国的思政课具有鲜明的理论性和政治性，而这样的特点往往会让课程在讲授起来略显枯燥，而且对于广大"00后"的大学生，他们对于过去几十年甚至上百年的历史事件也比较陌生，而课堂实践教学模式则能有效降低思政课抽象与枯燥的程度。

课堂实践教学通常包括课堂辩论、焦点讨论、小组讨论、案例分析、影像展播、情景模拟等，这些课堂实践教学模式的存在能够把相对抽象、枯燥的理论或历史久远的事实通过课堂的某一个环节来重新展现出来，也能让学生对思政课的相关知识有更为直观、具体的认识，同时，课堂实践教学这一模式能够有效激发学生课堂学习的主体性与自主性，培养学生的思辨能力。

3. 校园实践教学

校园实践教学是课堂实践教学的延伸，是在课堂之外、校园之内开展的实践教学活动，旨在通过校园内丰富多彩的校园活动来加深学生对于人生、社会乃至世界的认识，这种实践教学模式比课堂实践教学模式有着更大的自由度，同时也有助于丰富学生的校园文化生活。具体来看，校园实践教学模式主要包括校内调研、图书寻访、主题演讲、主题展示、微电影制作、文明评选、校园文化节等等。

校园实践教学能够充分利用校园内部的各类资源，发挥校内资源的优势，例如校内图书馆、体育馆、学生活动中心、学生宿舍等场所设施，同时还可以充分利用校内丰富的师资力量、学生资源、科研成果等。这些丰富的校内资源可以让高等院校的大学生不断拓展自己的理论知识，深化对课堂所学知识的理解。思政课是一系列既富含科学理论，同时又紧密结合社会实际的课程，既有关于几百年前资产阶级及其政党革命的理论知识，也有关于当代大学生理想信念的阐述，还有关于近期发生的国内外大事的分析。学生可以利用校园实践教学模式的多种具体方式来加深对它们的认识，例如通过图书阅读来了解百年前资产阶级及其政党革命的知识，通过校园走访、调研来真正了解当代大学生的理想信念状况，通过主题演讲或者展示等途径来深入分析和理解当前国内外大事及其对于我们国家、民众的影响。校园实践教学模式可以说是一种连接学生课堂学习与自我实践的重要方式，能够有效提升思政课的教学效果。

4. 社会实践教学

社会实践教学不同于课堂实践环节中学生的自主参与，也不同于学生在校园内部各类实践活动的参与，它是依据课程的教学任务和教学要求，在教师的指导之下，有计划、有步骤地参与校园外的各类社会实践活动的形式。由于学生大部分时间都是在校园内部学习、生活，所以，社会实践教学更多的是高等院校大学生在寒暑假或者节假日的空余时间到社会中参与实践活动。思政课上讲述的很多关于人生、社会、经济、政治等方面的理论知识都比较抽象，需要学生在参与社会活动中对此方面的知识有了真实的感受才能对这一知识点有更深刻、更全面的认知。

社会实践教学的形式一般包括校外参观、公益活动、社会（家庭）调查、勤工助学、志愿服务等。多种形式的社会实践活动可以为大学生提供多种渠道了解历史、现实和生活。例如，校外参观，特别是展现革命和建设历史的纪念馆参观，可以让当代大学生更直接地感知某一历史事件的发生背景和发展过程；参与公益活动和志愿服务，可以让大学生通过接触社会、参与社会生活，改变原有对社会的偏激看法和认知；大学生勤工助学等可以让大学生通过具体实践感受生活的不易，理解父母的艰辛，进而树立正确的人生观和价值观；大学生参与社会调查或者家庭走访调查，可以让学生对某一社会现实有更为全面的认识，改变过往从负面看问题的习惯，能够以积极、正向的视角去看问题。

社会实践教学的重要性不言而喻，社会实践教学的效果也是其他方式难以匹敌的，但是社会实践教学也有其特殊的要求。首先，社会实践教学需要教育行政部门或者高等院校对于这一实践教学形式给予时间安排上的支持与协助；其次，还需要有效整合各类资源，一起为思政课的社会实践教学提供多方面的便利和支持；最后，还需要高等院校对思政课社会实践教学给予经费和组织管理方面的鼎力支持。离开实践经费的投入，社会实践活动可谓寸步难行，离开学校各部门的有效协调与组织，社会实践教学很难有序稳定、长期开展下去。

第四章 高校思政教师职业素养概况

本章的主要内容为高校思政教师职业素养概况，我们依次介绍了高校思政教师的角色定位、高校思政教师必备的职业素养和思政教师职业素养存在的问题三个方面的内容。期望能够通过本书的讲解，提升大家对相关方面知识的了解。

第一节 高校思政教师的角色定位

高校思想政治理论课教师角色定位系统由角色原则、角色目标、角色内容、角色方法、角色途径等多个彼此联系又相互制约的部分构成。在这其中角色定位的目标即预期规定思想政治理论课教师的角色实行结果，教师履行和承担角色权利与义务是为了什么，可见角色定位的目标是整个高校思想政治理论课教师角色系统的核心和灵魂，角色定位的内容、方法和途径无一不是为角色定位的目标服务的。角色定位的内容，方法和途径都是作为联结实现角色目标的中介。由此可见，根据发展需要进行活动是人的特征，合乎目标和规律是人的本质。基于此，作为高级知识分子的高校思想政治理论课教师在角色定位时需要明确目标，新时代高校思想政治理论课教学改革才能真正成功。

一、由个体推进向整体突破的变化

更好的落实全国高校思想政治工作会议精神，在教育教学全过程中贯彻思想政治工作，充分发掘思想政治理论课的育人功能，新时期高校思想政治理论课教师在自身角色目标定位中由以往的个体推进向整体突破转变，主要表现在以下几个方面。

（一）教师要做教学资源的整合者

新时期高校思想政治理论课教师在授课中把课程设计成专题的形式讲给学生，而不是一节节地讲给学生，要树立整体性观念，由以往的就某一个单一性知识的解读，转变为引入整体性的观念。把上好一堂思政课比作打好一场战役，在思政课教师设计的战略中注重整体性的联动。新时期，高校思想政治理论课教师要用心做好课前的准备性工作，在教学过程中丰富所讲的内容，并能及时做到课后认真的总结和反思。在备课时不能仅是单一性的背教材、背课本，而应收集并查阅与课程内容相关的尽可能有用的案例和素材。把教学体系、内容、方法形成一个整体性的安排，从整体上安排和分配好学时，思想政治理论课教师还要有效地梳理、关联和整合每一章节内容的知识点与重难点。在具体到每一堂课及讲授的每一个知识点，都要有具体可操作的方案，运用到多种教学方法和教学性技术手段，甚至到课上给学生浏览的每一页多媒体图片，每一个教学用具，教师的衣着都要有一个相关的整体性的准备和设计。教师要有充沛的精力、富有吸引力的肢体语言、饱满的热情在角色目标整体联动中把课堂教学带入更高的层次和境界。

（二）灌输与渗透整体相结合

以往高校思想政治理论课主要是对学生进行单一性的马克思主义理论的灌输和教育。教师在上面讲，学生在下面听和记，教师很少问学生的意见和观点，教师运用语言和板书向学生传授知识的过程，这种传播知识手段的单一性很难使学生真正感悟到马克思主义理论的魅力。这种单一性的灌输使学生在学习过程中没有思考，实际是一种将学生拒绝在教师思想之外的教学，效果是非常不理想的。而实际上高校思想政治教育既是一种涵盖理论又是一种涵盖历史和文化魅力的交往活动，是思想政治理论课教师与学生在相互交流中的一种心灵活动。新时代灌输时更应注重启发性，只有学生主体主动地去学习，才能形成能动的认同和认知，并内化为自己的需要，所有教师"以自我为中心"被动地对学生进行灌输和移植的教育活动都是失败的。在注重启发的灌输的同时还应与渗透相结合,在渗透时注重贴近学生的生活和学习,渗透是一种无声地向学生的心理渗透,在网络技术时代向网络环境渗透,向社会大的环境渗透。在润物细无声的渗透中打开学生心灵的窗户,吸引学生的注意力,唤起学生学习的动力,在生活和学习的点点滴滴中适时适度的给予学生点拨和提醒,使其智慧生成,成长成才并成为合格的新时期的社会主义建设者。思想政治理论课教师的主要角色就是对学生进行教育,当前在思政课教育中经常有很多脱离学生生活和实际的做法,教师在角色目标定位中还应注意将显性教育和隐性教育整体相结合,贴近生活和实际,注重挖掘生活中的思想政治教育案例。当前思想政治教育中思想政治理论课教师重视的都是显性教育,即思想政治理论课教师组织实施地对学生直接并公开的进行意识形态教育的方式。隐性教育则是教师引导学生在不同环境中,通过一种潜移默化的方式获取学生全面发展的教育性活动及过程。因此高校思想政治理论课教师在显性教育的同时,也要将生活元素引入到思想政治教育中,让学生在不知不觉中受到教育和熏陶。可以组织学生观看影视作品,组织演讲,进行班级式的小组讨论,参观革命基地等活动渗透到生活的方方面面,通过整体性的细致入微的教育让学生感受到社会主义制度的优越性。

二、由知识培育向价值培育的变化

党的十九大明确指出,教育的根本任务是培养德智体美全面发展的社会主义建设者,把"德"放在首位,体现了在教育中人的德行的重要性。而"德"的培育不仅仅是单靠理论知识的传授就能实现的,最主要的是教师要成为学生成长的引导者,重视对学生的价值培育,帮助其树立正确的价值观,具体在教育教学中需要做到以下几点。

(一)知识性与价值性相统一的思政课教学

高校思想政治理论课作为一门课程既需要对学生提供成长的知识性需要,作为一门意识形态性的课程其目标还是培养学生的价值,实现育人的目标,这也是高校思想政治理论课区别于其他人文学科和自然学科的本质所在。因此,新时代高校思想政治理论课教师在角色目标定位中需要秉持

"知识培育与价值培育"双向并进的目标。新时代思想政治理论课教师的工作以育人为主，思想政治教育作用的领域是人的思想领域，作用于人的思想世界，对学生进行价值观教育，要求教师用自身的思想才能触动学生的灵魂，所以说教师的使命不只是理论知识的培育，课程也不仅是知识性的课程，本质上是具有育人属性的。思政课教师的角色目标中肩负着立德树人的责任，既要做好理论知识和思想的传播者，又要塑造学生的灵魂、价值乃至生命。新时代，思想政治理论课教师在讲授知识中既要揭示其理论的学术性和科学性，又要充分发掘理论深层次的价值性，知识性与价值性相统一才能使思政课变的有吸引力和说服力。一方面讲透马克思主义理论的科学性，一方面要挖掘课程的价值性，让学生接受有价值的思想。

（二）构建新型教师和学生的关系

新时代高校思想政治理论课的师生到底是一种什么样的关系呢，这是一个非常重要又常常被我们忽略的问题。传统的以教师为中心的理论知识型课堂模式，在新的时期易让学生产生排斥心理，从而造成教师和学生之间的情感疏离，显然已经不适合了。教师单纯以知识为目标的角色定位，使90后和00后大学生产生厌学问题，教师不但需要灌输理论知识，还应该切实从自身做起，身体力行的将理论内化为学生的自觉行动和价值选择，思想政治理论课教师是引导与启发学生思考。真正能打动人的永远是面对面的交流和探讨。因此，要构建以学生为中心的师生关系，在教学过程中以问题为中心开展讨论，师生在平等的对话和交流中在思想的答疑与碰撞中贴近学生的灵魂，真正使知识培育和价值培育同时发挥作用。

（三）构建知行合一的教师角色目标

思想政治理论课教师要继续做好理论知识的传授者，政治方向的引领者的角色，帮助大学生构建知识体系，在理论知识培育的过程中还应培育学生的人生价值，即正确的价值观和健全的人格，达到知识育人和价值育人的目标。思想政治理论课教师在教学中不能简单机械地把理论或概念进行嫁接，应把对学生来说解渴的"盐"加入思政课这碗"汤"里，从而调制出一碗"育人好汤"。所以不能仅仅为了吸引学生的眼球而讲述市井见闻，没有理论内涵的精神鸡汤，这样既达不到知识育人的目标也达不到价值育人的目标。在新的历史结点上,要求高校思想政治理论课教师要有扎实的理论基础,掌握前沿的知识,做到知行统一,一名优秀的思想政治理论课教师要以知促行,以行促知,在知行合一中利用有声语言和无声语言做好新时期学生知识培育和价值培育的工作。引导学生立德成人,坚定对社会主义和共产主义的信念,增强道路自信、理论自信、制度自信和文化自信。

三、由学生发展向社会需要的变化

新的时代实现中华民族伟大复兴的中国梦在于青年一代,中坚力量是当代大学生,大学生有无社会责任感直接与中国特色社会主义事业息息相关。高校思想政治理论课在于树立大学生正确的世界观、人生观和价值观,思想政治理论课的目的在于培养德智体美全面发展的学生,重要的是要使大学生具有强烈的社会责任感。由于目前一些高校思想政治理论课教师对自身角色目标认识不清,认为仅仅是给学生讲明白理论问题就可以了,仅把学生培养成一个"科学家"就是成功了。其实很多理论在讲授的过程中学生根本没有入脑、入心,社会责任感的培育就更谈不上了,什么样的思想政治理论课教师才是成功的呢,应该是能把学生培养成"科学大家",既具有渊博的理论知识,还具有高尚的道德品格,既能自我满足,又能满足社会的需要。为此新时代高校思想政治理论课教师需要做到以下几点。

(一)高校思政教师要关注学生的全面发展

教师要关注学生各方面发展的能力,学生的组织能力、协调能力、学习能力、创新能力、交往能力、研究能力等需要全面发展之上,在充分考虑学生的需求、兴趣及爱好的基础上,重视社会对学生的需求。在教学内容中厚植爱国主义情怀的教育内容,把爱国的情怀自觉的融入社会主义现代化建设中,实现民族伟大复兴的奋斗中。教师在目标定位中要教会学生做人,任何教育中教师首先要教会学生的是如何做人,要养成健全的人格,为将来走向社会做好基础,才能满足社会对人才的需要。其二要教会学生做事,教会学生如何钓鱼比给他多少鱼都重要,要使学生学会分析问题，解决问题的方法。再有也是很重要的是要教会学生学会团结合作，社会需要的是懂得合作的人才，合作也是走向成功的基础，以小组合作学习的方式在合作中提高自身的能力，在帮助他人中更好地成长。最后要教会学生学会创新，一个民族、国家和社会发展的核心是创新，创新能力也是一个人成功的关键，社会需要创新型人才，所以新时代高校思想政治理论课教师要培养学生的创新精神、创新意识和能力，为社会实践奠定基础。

（二）思政教师要具有"五育"并重的理念

新时代高校思想政治理论课教师要使学生发展满足社会的需要，因此教师在教学目标中要具备"五育"并重的理念，即德、智、体、美、劳并重的意识。新时代思想政治理论课教师在角色定位过程中，自身首先应增强德育的自觉性，把德育渗透到思政课教学的全过程，使学生的发展符合社会的需求。社会还需要在某一领域具有过硬专业本领的人才，所以还要以知识培育为基础，没有理论知识的传授高校思想政治理论课就失去应有的意义。思想政治理论课教师要把理论给学生讲好，自身首先要有扎实的理论基础，通过角色扮演帮助大学生理解理论的魅力和精髓，在与学生的共同学习热点、重难点问题中提高学生的理论水平，满足社会的需要。高校思想政治理论课在对学生教育过程中也是一个相互协调和渗透的过程。其中美学的元素在思政课教学中也具有非重要的作用，思想政治理论课教师要具备美学的理论，教师在角色扮演中成为美的化身。教师在角色扮演中要把美学的观念引入思政课教学中，使高校思政课教学成为一门艺术，教师在教学过程中要通过语言和行为的美感来感染学生的心灵，引发学生的共鸣，学生在感受美、享受美的过程中，具备了心灵美，带入灵魂最深处的东西是颠之不破的。高校思想政治理论课教师在角色扮演中坚持德育、智育、体育、美育、劳育五育并重的理念，增强了大学生的社会责任感，深化了思想政治理论课教育和教学效果。

（三）思政教师要确定具有针对性的教学主题

思想政治理论课教师角色目标定位时应把学生全面发展与适应社会需要结合起来，满足学生未来的就业需要，就业是民生所需，国之大事。高校大学生就业已从计划经济时代的分配到现在的"双向选择、自主择业"，高等教育也成了大众化教育，每年越来越多的学生挤在毕业就业的桥上。为此，高校思想政治理论课教师要针对大学生的就业现状，在思想政治理论课教育中以马克思主义中国化就业理论和劳动理论为指导，并根据我国经济社会发展需要，引领大学生走在时代前列，通过多种方式提升自身价值满足经济社会的发展需要。在关注学生发展需要的同时，关注社会需求的变化，随时调整教育教学工作中的侧重点。高校思想政治理论课教师面对的是不同的教育主体，有研究生、本科生、专科学，有理工科的学生、有人文学科的学生，针对不同层次、不同学科学生的特点有侧重的选择教学内容。例如以毛泽东思想和中国特色社会主义理论体系概论这门课程为例，如果教师的教育对象是专科层次的学生，则要选择与学生实际相关的理论难度不大的内容，如果面对的是研究生和本科学生则要侧重于理论难度偏大的，有一定深度的能够尽可能发挥学生想象力的内容。针对不同专业的学生有所侧重，促进学生发展真正的与社会相适应，满足社会的需求。如果是师范类的学生，教师则要以一名未来教师的标准要求学生，在教育教学中给学生更多的平台和机会早日与未来职业角色接轨，满足社会的需要。如果是理工科的学生，如数学、化学、工科的学生等，教师要在教育教学中给学生创设各种环境和条件，让学生在实践中，在亲自动手的感悟中成为社会需要的人才。高校思想政治理论课教师要有针对性地对不同专业和学科，在学生全面发展的同时，结合社会需要，在思政课教学中注重实践教学，在学生动手解决实际问题的过程中，满足了社会对大学生的需要。

第二节　高校思政教师必备的职业素养

一、教学勇气

教学需要勇气吗？这听起来似乎是一个假问题。有人也许会质问，任何一名教师，没有从事这一职业的勇气，能走上讲台？然而，要做一名优秀的教师，取得优秀的教学业绩，确实需要巨大的勇气。做一名优秀的教师不容易，做一名优秀的思政课教师更难。所谓"教师是人类灵魂的工程师"不仅说的是教师职业的光辉，更表达出教师职业所需要的高度智慧和工作的艰巨程度。这就对教师的素质提出了较高要求，教学的勇气便成为教师内在的至关重要的素质。思想政治理论课教师要做好本职工作更需要知识和勇气，唯有如此才能拥有充分的自信，讲好思政课。那么，思政课教师的教学勇气如何呢？如何涵养思想政治理论课教师的勇气呢？

（一）什么是教学勇气

所谓勇气，就是敢作敢为毫不畏惧的气魄，是个体在一定时期所具备一种心理正能量，表现为一种精神气质和态度倾向。勇气是克服内心恐惧的积极情感状态，是与邪恶抗衡的决心，也是人战胜和超越自己的方式。教学的勇气源自教师的内心世界。取决于教师的教学智能、教育情感和精神状态；教学的勇气还源自真心的教学，教师教给学生的一定是自己相信的，一定是真心关爱学生；教学勇气还应该是符合教师自身特点的独特的教学，不是简单模仿，也不是任意妄为；教学勇气还建基于完整的教学，把完整的学科知识、优秀文明和进步思想传递给学生，培养完整的人。

教学需要具备勇气，因为教师职业本身的神圣性、高贵性，它对从事这一职业活动的人以及职业活动的面貌都先在地做出了规定。师者，传道授业解惑也。教学就是教师传承优秀文化、教授专业知识、引导受教育者健康成长的活动。也就是说，教育具有天然的伦理性，教学的勇气来自教育的伦理精神。教师职业活动的对象是人，其任务是培育人，关乎个体的精神生命和人类文明进步。因此，它对教师自身的素质（教师的思想道德素质和学问素养）以及职业活动的质量（所培育的人的素质）都提出了超越的、不同于一般职业的高要求。教学需要勇气，还因为教育的追求。教育在本质上是把人类引向善的事业，它始终蕴含着对人类高贵价值如公正、平等、自由、关怀、尊重等真善美精神的坚定信念，饱含着对这些善的价值观的坚守、弘扬与培育。"教育的原则，是通过现存世界的全部文化导向人的灵魂觉醒之本源和根基，而不是导向由原初派生出来的东西和平庸的知识。[①]"教育的事业是心灵的事业，教学就是面对面的、直接的心灵感化活动。故而教学关乎勇气，教师需要考虑自己的勇气，需要具备勇

---

① [德] 卡尔·雅斯贝尔斯. 什么是教育 [M]. 生活·读书·新知三联书店，2021（04）.

气,正是源于我们必须持有的对教育的这种崇高和神圣的敬畏、对人和人类文明的敬畏,源于从事这种活动的正义价值。

教学勇气是教师自信的根本,而教师的自信是思想政治理论课有效的前提。传道者先要明道、信道。思政课教师需要满满的自信,不仅展现自己的心灵和智慧,同时更加完美地传递中华优秀文化,讲好中国故事,中国思想,贡献中国智慧。没有勇气就表现不出自信,没有自信就会失去教学的兴趣,甚至出现厌倦情绪,怀疑自己所从事的教学活动。习近平主席在2019年3月18日的全国学校思想政治理论课教师大会上提出思政课教师"政治要强,情怀要深,思维要新,视野要广,自律要严,人格要正"[①]的六大素养要求,既表明思政课教师教学勇气背后必须具备的高素质,同时也指明了教师涵养勇气应该努力的目标,而具有往这六个方面努力,勇气和自信才能水到渠成。

(二) 阻碍思政课教师教学勇气的因素

教育是"成人"的事业,思政课教师正是引导受教育者精神"成人"因此,从教师自身来看,思政课教师应该充满着教育的自信、自豪和勇敢,但现实并非如此,不是所有的思政课教师都具备十足的教学勇气,不是所有教师都清楚认识到了自己所从事的工作是充满正义的事业。

1. 思想政治理论课程重视程度不够

既然思政课教师从事的是太阳底下最光辉的职业,理应在教学上获得学校和社会的积极支持和强有力保障,但事实离我们的设想还很远从过去这些年学者们有关思想政治理论课在学校的实际境遇的大量研究文献就可得知,思想政治理论课在学校面临着多种困境。学校在学生的思想道德品质教育上重视程度不够,采取的有效措施还不多。早在21世纪之初,我国当代教育学家鲁洁就指出了学校思想道德教育被边缘化的严重状态。思想政治教育的效果与发展的期待有较大差距,而且随着事成经济的深入和全球化的趋向。其困境愈显突出。在功利化的经济大潮排挤下,多年后的今天,这种状况有过之而无不及。所谓"说起来重要,做起来次要,忙起来不要"便是各级各类学校思想道德教学课的真实写照。以"中国知网"为

---

① 引自2019年3月18日习近平在全国学校思想政治理论课教师大会上的讲话

文献检索源，考证后可发现，这么多年来的相关研究中，有关"思想政治理论课教学"和"困境"两个关键词的研究主题，发表在核心以上级别的相关期刊的文章近百篇，且后20年是研究"困境"的集中期。也就是说，思想政治理论课在学校的不受重视（即使是被学校像对待专业教学那样平等地对待）的状况已经是不争的事实。

思想政治理论课困境的主要表现就是学校的制度性挤压。在过去一段时间，很多高校的思想政治理论课的课时没有按照国家规定的课时量开足，或者有的只给学分和学时而不给实质性的教学安排，或者用其他变相手段削减思政课的实际课堂教学学时。另外，师资配备严重不足，在大学里常常由辅导员和一些行政人员兼任思政课教师。这种困境还表现在，高校对思政课教学工作的经费支持严重不足，很多学校对思政课所给予的支持经费仅限于教师教学任务的报酬，而对其教师队伍建设、课程发展和教学基本条件建设方面基本不投入。无论是学校的教学发展规划、人力资源配备计划还是经费等物质条件的支持，都是优先放在专业建设上，而不是把思政课一视同仁。所谓思政课（德育课）"说起来重要，干起来次要，忙起来不要"的尴尬状态便是生动的写照。即使是在国家正式出台了《高等学校思想政治理论课建设标准》（教社科（2011）1号），2015年又得到修订完善以正式制度形式明确要求了思想政治理论课的条件保障之后，也还有很多高校没有达到规定标准，这里面既有客观地发展性原因，也有学校人为轻视的主观因素。

2. 教师自身的理论水平与教学能力不足

思想政治理论课所包含知识内容具有多学科性和与时俱进性。其一，一个思政课教师很难贯通多学科知识并熟练运用，这个教学能力的本然要求对相关教师的职业发展具有很大挑战性。如一个伦理学学科或思想政治教育学科毕业的博士走上讲台难以讲好思想道德与法治的"法律"部分知识。其二，思想政治理论课具有极强的中国特色，它的内容是随着我们对中国社会主义建设发展中的问题认识和理论成果的创新而不断得到丰富的，这也使教师的知识体系更新和理论认知能力的提升遭遇了不少的障碍。当然，换一个角度看，教师自身也存在主动适应社会形势发展和观念变化不主动的导致理论水平不足的问题。这就要求思政课教师能及时地了解国情、世情，充分地掌握信息，深刻地理解新时代的理论，并融入备课之中。其三，教师自身理论修养还应该有对一代一代青年学生成长规律认识的不断更新。如果说教师的教学主要内容相对不变，那么作为教学对象的学生却在不断变换，年复一年、一茬又一茬的学生，不同学生的情况有异，同一课堂不同学生学习状态不同，这就要求思政课教师要尽可能了解学生需要，因材施教。思政课教师勇气的不足还与教师教学方法上的单一性有关。创新教学方法的过程既是主动适应教学的新情况的过程，也是教师自我不断充实提高和获取自信心的过程。一旦教师习惯于一种传统教学方法而不创新，不仅不能适应不同的教育对象的需要，还会导致自己对教学厌倦，出现低成就感。

3. 思政课教师少了勇气，多了谨慎

思政课的理论性、知识体系的庞杂性和价值引导性自然抬高了该课程的难度系数，从而削弱了思政课教师从事教学的自信力。思想政治理论课的门课程涵盖了比较广泛的人文社会科学领域的知识，从哲学、经济学、政治学到法学、伦理学、文化学、历史学等不一而足，不仅内容丰富而且理论性强，比较抽象，有深度，这就难以避免自身理论的枯燥与深奥。多数大学生的认知水平和理解知识所需要的知识储备量与所需认知水平存在相当距离，这便使大学生在初始接触这些知识时必然产生距离感、陌生感、晦涩感、枯燥感。这种局限往往也会使思政课教师在可期望的教学效果上失去了信心和底气。

教师知识结构与课程自身特点存在着难以契合的"先天不足"，不能完全匹配本课程的教学所需知识体系。一直以来，思政课课程内容本身就包含着多学科的知识，与之不匹配的是，具体从事教学的一个教师，他（她）只是来自人文社会科学领域某一学科某一专业。也就是说思政课教师单一的专业出身不能胜任某一门课程对多学科专业知识的需要。另外，在过去很多年，思政课教师队伍的构成成分除了人文社科相关专业出身的人才之外，还有很多非专业出身的兼职教师，这就越发使教师理论素养的基本面较差，加重了教学效果的不确定性。

（三）思政课教师应该具备十足的教学勇气

1. 思政教师天然拥有的教学深情和勇气

这既是由教师职业自身的特性决定了的，也是由思政课教师所从事的

具体教学活动，即由思政课的性质决定了的。教育事业是天底下最光辉的事业，中国传统文化历来都有尊师重教的优良传统，那么行"成人"之教的思政课教师理所当然地要受到社会尊崇。思想政治理论课肩负着大学生思维品质、道德品行、心理品性、文化品位、政治意识、法治文明等众多素质培养任务。它培育受教育者的德性，扩大学生对对优秀文化的认同，锤炼学生的思维，涵养学生的政治情怀，弘扬社会之正义；它高扬人文关怀之价值，对社会的精神文明建设、中华民族的复兴事业、奠基社会文明之基础都起着重要作用。既如此，思政课教师有什么理由不去勇敢地宣传思想、传播真理、引人向善呢？有什么理由不去赞美我们选择的中国特色社会主义道路呢？有什么理由不去宣讲马克思主义中国化的理论成果呢？有什么理由不相信我们自己历经艰辛并证明了成功的中国智慧呢？我们的教师还畏惧什么呢？

2. 思政课教师要具备足够的教学勇气

教育一方面具备为个体的自由而全面发展提供服务的功能，另一方面还要为一定的社会发展培养多方面的人才。思政课的教学除了培养大学生在道德、心理、政治、法治、思维等内在的精神品质，完成这一个体性教育功能之外，还具备很重要的社会性功能——为社会发展培养具有较好文明素养的高素质人才。在2018年全国教育大会上，习近平总书记指出，教育要为中国特色社会主义事业培养建设者和接班人[①]。既然思想政治理论课所做的是培养中国特色社会主义建设人才，那么我们的思政课教师完全有理由发出内在的自信力量，站在讲台生活上理直气壮地做好学生引路人，当好社会繁荣之花园的园丁。

3. 国家制度为思政教师的教学勇气提供保障

党的十八大以来，在加强大学生思想政治教育和提升大学思想政治理论课的效果方面，国家可谓接二连三地重磅出击。习近平主席每年都要在适当场合对教育的立德树人等根本问题发表重要讲话，对我们的教育所培养的人才的思想政治素质做出要求。2016年12月8日，在全国高校思想政治工作大会上，习近平强调，高校思想政治工作关系高校培养什么样的

[①] 2018年9月10日，习近平在全国教育大会上的讲话

人、如何培养人以及为谁培养人这个根本问题①。要坚持把立德树人作为中心环节，把思想政治工作贯穿教育教学全过程，实现全程育人、全方位育人，努力开创我国高等教育事业发展的新局面。2019 与年 3 月 18 日，习近平主席在北京专门召开了"全国思想政治理论课教师座谈会"，详细阐述了办好思想政治理论课要树立的指导思想，所肩负的立德树人重大任务，明确了培养人的目的、方向以及基本教育方式等一系列重大问题②。纵观这几年从国家最高领导人多次专题讲话到国家相关职能部门陆续出台的政策与制度，对思政课建设不可谓不重视。

教育部出台了系列直接与思想政治教育和思想政治理论课教学相关的制度，如新修订的《高等学校思想政治理论课建设标准》(2015)、《普通高校思想政治理论课建设体系创新计划》(2015)、《高等学校思想政治理论课教学指导委员会章程》(2016)、《高校思想政治工作质量提升工程实施纲要》(2017)、《新时代高校思想政治理论课教学工作基本要求》(2018)、《普通高等学校思想政治理论课教师队伍培养规划（2019—2023 年)》(2019) 等一系列重要文件和制度。站在意识形态建设的历史性任务高度，国家对思政课的重视程度及其实际支持力度是空前的。在如此多的顶层制度设计和政治要求下，思想政治理论课教师犹如获得"尚方宝剑"，又犹如被注入了强大的能量，有了制度的强力保障。所以，思政课教师肩负历史重任，无论是为民族复兴，还是为个人发展，应该毫不畏惧，毫不退缩，肩负使命，胸怀正义，勇敢前行。

二、信息素养

一方面，当今信息社会的剧烈发展与以往任何时候都不一样，不同于以往的学校教育，教师获取教学信息基本都是通过教学参考书、期刊、杂志以及个人经历等常规途径。而今，除了上述的常规途径，教师还可以从互联网上获取大量相关信息和知识。但是，现在的网络信息量大、类型多样、良莠不齐，因而，教师从互联网获取教学的能力及其筛选信息的能力

---

① 2016 年 12 月 8 日，习近平在全国高校思想政治工作大会上的讲话
② 2019 与年 3 月 18 日，习近平在全国思想政治理论课教师座谈会上的讲话内容

就变得格外重要。首先，教师要具备一定的信息检索能力，以便在信息爆炸的时代更快速、更便捷地搜索到信息。教师要学会运用搜索引擎、学术资源库等，精准搜索想要的教育资源并进行下载或转载。其次，要具有快速浏览信息的能力与鉴别力，以便在海量的教育信息中获取最有价值的、与自身教学最贴切的教育资源。这需要教师坚定立场、明确目标，排除不健康信息影响，加以适当的学习和培训。

另一方面，收集信息，提高教育资源的整合效果。专业教师所面临的任务不仅仅是传授知识或信息，在操作层面也需要引导学生。教师此时在互联网获取的教学资源并不一定完全适应学校教育目标或课程建设目标，要想有效利用这些资源，还要进行相应的资源整合，包括教育资源的筛选、重组和运用。首先，教师要依据培养目标或课程计划，按照资源的优劣、真假、善恶等进行价值判断，将大量的与其教育教学相关性不大的专业课教育资源进行剔除，保留最有价值、最为正确或合理的资源。然后，对筛选之后的教育教学资源进行编辑、加工与整合，逐步形成内容上、逻辑上和形式上较为统一的、个性化的教育新资源，力争将其融入自身已有的知识体系中或重构知识体系。最后，就是加强对资源的应用能力，即教师依据相关的目标或要求进行教学设计，合理分配教育资源，帮助学生进行资源整合，提高学习效果。

我们还可以学校鼓励教师应用网络工具，辅助教育教学：

（一）加强学校教育的信息化建设

信息化社会的到来，冲击力巨大。这需要教师具备极强的信息获取与驾驭能力，也需要教师学会利用网络、利用网络工具进行教学。现代社会不单单需要智商和情商的较量，更需要学会利用工具，学会站在巨人的肩膀上学习与实践。较为基本的工具就是上文所说，获取信息的工具，如搜索引擎、专业网站等，利用这些工具，可以为获取各种教育信息、教学资源提供极大的帮助。另外，还有处理信息的工具，如常用的微软的办公软件，开发多媒体课件的 Authorware，处理数据的 SPSS，制作动画的 Flash 等。政府、学校可以组织适当规模的教师进行集体学习、网络研究，提高他们对信息技术和相关工具的利用率。

(二)鼓励教师利用网络,加强教学设计

优秀的培养方案好比是菜单,优质的资源好比是各种食材,但是如何去加工制作、为谁加工、加工的程度如何等不能忽视。这就需要教师基于学生的专业特性进行教学设计,而且是基于现代信息技术进行设计。因为,当前的信息技术环境中,传统的课堂讲授制开始动摇,基于网络环境、智慧课堂等重新拟定教学目标、教学内容和教学方法并及时进行诊断与评价是教师的必备技能。今后需要加强相关能力的培养与培训,让教师学会借助现代信息技术开展教学设计。另外,现代信息技术介入教育教学,冲击了知识信息的传递方式、冲击了师生关系。在教师与学生之间加入信息技术或媒体这一中介,这就逼着教师加强教学设计,否则很有可能出现教师卖力教,学生却不愿学的情景。原因是原有的信息量已经难以满足学生的需求,难以唤起学生学习的兴趣。事实上,教师不需要惧怕网络技术。学习并运用网络技术对我国专业教师是有极大效益的,首先可以将学习的目标进行任务化,将学习的内容问题化,将学习活动趣味化,将教学评价过程化,实际上引起了高校教师在教学观念、教学模式等方面的变革,设计这样的课堂教学绝非易事。

三、专业素质

在引导学生树立坚定的教师职业意识,强化对学生教师职业规划教育的基础上,高师院校还要促使每一位师范生端正自己的学习态度和认知态度,增强学习的主动性和自觉性,针对新课改教学新要求,努力完善自身的知识结构,提高教育教学素质。目前来看,当前部分思政专业学生教师职业发展规划不明确,对思政课程新课改的价值理念和对教师的新要求缺乏学习的主动性和从教能力锻炼的自觉性,这是当前师范生不能很好适应新课改背景下思政教师岗位的重要因素之一。首先,在思想观念上,要引导学生全面、正确认识基础教育课程改革对教师岗位的新要求,有针对性的根据课改要求查漏补缺,对于自己欠缺的方面要积极主动地去弥补和改正,对于表现较好的方面要继续保持并能够精益求精,努力提升符合时代需要的全面的教师职业素养。其次,要端正专业学习态度,刻苦钻研专业

知识，形成综合性、多元化的知识结构，这是师范生从事教师职业的必备法宝。最后，作为将来的思政教师要掌握良好的交往与沟通技巧，要注意情感的投入和思想的交流。在努力学好专业知识的同时，积极参与社会实践活动和教学技能培训，增强人际交往、组织管理、协调沟通等各种能力，不断提高自身综合素质以适应新课改对政治课教师提出的新要求。

四、视野要广

视野指的是人的思想、知识和能力所达到的范围，人的视野不同则格局就不同，有无开阔的视野对人来说非常重要，视野的高低往往能决定一个人的命运和结局。新时代高校思想政治理论课教师为什么要有宽广的视野呢，是由高校思想政治理论课本身的学科性质和特点决定的，时代的变化，网络信息技术的发展以及各种知识的不断更新等要求教师要具有历史视野，国际视野和现实视野。由于思想政治理论课的性质决定了思想政治理论课教师要有宽广的知识结构，还需要随着时代发展，不断更新自身的知识结构。在中国古代一个人读一点书就可以用一辈子，但在知识经济时代学习是没有止境的，要树立终身学习理念。这一切都对新时代高校思政课教师提出了新的挑战，需要教师在丰富与更新知识的同时不断开阔自己的视野，与社会的发展同步，确立与时代同呼吸，与社会同命运的旋律。新的时代，高校大学生也与以往有很大的不同，网络信息技术时代下成长起来的大学生在面对各种信息思潮的时候难免困惑迷茫，需要教师具备宽广的视野在传授知识的同时，给予学生解惑，真正肩负起思想政治理论课教师的角色使命。思想政治理论课教师还要具备国际视野，才能形成国际化的格局，客观合理的看待国际环境和外部世界。一个国家要想发展的好必需要融入世界大势中去，中国近代的遭遇就是因为我们闭关锁国，不去学习的结果，同样一个人要想实现发展也需要把自己融入世界中去。当今世界是一个开放的世界，政治、经济、文化等联系密切，思政课教师也需要具有国际视野，而不是整天在书斋里闭目造车，要学习和借鉴西方资本主义国家的长处，先进的科学技术和经验，了解国际政治和国际经济的基本知识，最终拥有横贯中西的知识结构。用跨越文化的国际视野找到中西文化的内生逻辑和关系，在思政课堂上展示经天纬地的知识，融通西方哲学扩展思想政治理论课的广度和吸引力。最后新时代高校思想政治理论课教师还要具备历史视野,特别是要对中国历史,中国共产党的浴血奋斗历史,社会主义发展史有清醒的认识。一个具备历史视野的人可以很容易地形成知识框架,特别对于思政课教师来说尤为重要。有了历史视野可以把马克思主义理论与中国传统文化、革命文化和社会主义先进文化纵向融通,实现理论在空间和时间上的贯通。高校思想政治理论课教师要不断地学习历史,研究历史,掌握中国历史,中共党史,社会主义奋斗史,社会主义建设史和社会主义改革史。在深刻总结历史经验和规律的基础上,在科学总结规律与思考的基础上,树立历史性视野。具体到思想政治理论课教育教学中在历史视野中,培育学生的价值观、世界观和人生观。例如,在马克思主义基本原理授课中,可以利用穿越历史与大事面对面对话的形式,带领学生了解马克思主义哲学原理的魅力。在毛泽东思想和中国特色社会主义理论体系概论中,可以结合中国近代史,革命史,改革史的具体故事使学生弄懂概念,在这一过程中也培养了学生的历史视野,拓展了学生的理论深度和广度,在与历史对话中树立了正确的世界观、人生观和价值观。

五、自律要严

何谓自律,就是对自身以一定的规范和标准来要求自己和约束自己的言行和行为习惯。一个有能力的人一定是一个严格自律的人,对自身严格要求的人,在面对社会中各种诱惑时才能守住自己的底线和标准,知道什么是自己需要的,什么是自己不需要的。高校思想政治理论课教师的言行像一面镜子,教师要做到言传和身教相一致,平时在教书育人的同时要严格要求自己,不断提升自身的道德情操,教师自身的人格塑造好了学生才能更健康的发展。具体在高校思想政治理论课教学内容上,思想政治理论课教师要与党的路线、方针和政策保持一致,坚定做社会主义意识形态的守护者和捍卫者,同各种错误的社会思潮做斗争。精心引导设计教学内容,把马克思主义中国化理论成果,特别是习近平新时代中国特色社会主义理论融入课上课下,网上网下,积极在学生中传递正能量。高校思想政治理论课教师对大学生的教育已经不仅仅局限于课堂,在课堂之外学生的生活中，也不仅仅局限于网络下，在网络环境之上，教师要结合微信、微博、QQ等多种线上环境对学生进行教育。思想政治理论课是育人的工作，思想政治理论课教师在角色扮演中要怀着"德不优者不能怀远，才不大者不能博思。"的自律精神，以明德明纪引领和塑造学生的灵魂。教师也要在工作和生活中将自律刻入心中，通过自己良好的言行培养学生的德行和品质，通过良好的自律形象，知行合一的品质在潜移默化中对学生达到教育的效果。用《高校教师职业道德行为规范》自觉约束和规范自己，并能接受来自社会、学校、家长和学生的监督，在这个过程中教师理应自律的要求和约束自己的行为。国家相关部门也制定了一系列法规来约束教师的职业角色，使其在行驶中符合自己的角色身份，各个高校也有一套奖惩机制来要求和规范教师的行为，用先进事迹和榜样的力量来鼓励高校思想政治理论课教师，使其能受到感染和教育，并能以此激励和要求自己。高校在教师中也要常举办师德师风培训班，座谈会，给教师之间互相学习和交流的机会，通过彼此之间分享的经验，起到激励自己的作用。在学习中不断的修身律己，要求学生做到的自己首先要做到，要求学生树立的价值观自己首先要具备，要求学生形成的人格品质自己首先要拥有，在言行一致中旗帜鲜明的上好思想政治理论课，打赢新时代社会主义意识形态这场战役，为学生做好引路人的责任。

第三节 思政教师职业素养存在的问题

一、当前思政教师职业素养存在的问题

（一）从师技能不强，教学实践能力欠缺

当前，我国高师院校思政专业教学理念滞后，存在着仅重视理论知识的渗透，而忽视对师范生实践教学能力培养的现实状况。这一状况在相当程度上造成了当前的思政专业师范生无法很好地适应高校思政教师的岗位要求。经过调查发现，学生普遍认为在校期间参与实践教学的机会和形式

比较少，自身的教学技能不强，尤其是在教学实践能力方面最为欠缺。

通过师范生在学校的教育实习以及实践教学过程中的各方面表现也进一步看出，大部分师范生基本具备胜任教师职业的一般素质，专业知识方面掌握的较为扎实，但由于在高校接受的师范技能培训有限，实际教学能力还与新课改要求相差甚远，有的学生认为自身的从教基本技能不佳，书写能力、运用多媒体等现代教学手段的能力有待提高，教学语言比较生硬、教姿教态比较呆板；二是对教学方法的运用缺乏能动性和创新性，难于变通。大部分实习生仍主要采用以传统讲授法为主的教学方法，不能很好的根据教育教学内容的实际需求灵活自如的转变教学方法与教学模式，过于呆板和程序化；三是对教材的驾驭能力、对知识的整合能力以及处理课堂突发状况的能力较差，不能很好把握课堂教学的重难点。四是在关于是否了解并熟知高校思政课程改革内容方面，有的学生表示仅仅对其有一些了解，但是并不熟知，有的学生竟然对高校课改全然不知。这表明当前的思政专业师范生对高校课改理念认识模糊，缺乏了解认识的主动性，以致在实习过程中过分注重知识层面的传授而缺乏对学生情感和个性的熏陶，从而降低了高校思政课在培养学生健全个性品质过程中的实效性。而造成这一现象的关键原因在于高校对师范生的人文教育的缺失，造成师范生在教育理念上未能树立对学生的人文关怀精神，进而也就难以把握好情感教育目标的实现。

（二）探究意识缺乏，创新能力不高

受传统应试教育的残留观念影响，部分高校教师仍旧不同程度的存在着重理论知识传授、轻能力培养的教育观念，在教学过程中不能够根据教学内容的实际需要灵活运用和转换教学方法、教学手段，忽视对学生创造性思维能力的培育，很大程度上造成了当前师范生学习兴趣低下、主动探究能力不强、创造意识缺乏，创新能力不高。有的学生认为自身缺乏探究意识，创新能力和科研能力不高，具体表现在：首先，部分师范生虽具有一定的创新意识，但是缺乏主动探究知识、勇于克服学习障碍和学习困难的坚强意志和毅力。师范生虽然普遍认为创新意识对于自身教育教学能力的提高发挥着至关重要的作用，也希望自己能够具备这种创造性意识和思维能力，但是在实际学习过程中缺乏主动探究、勤于思考的主观能动性，缺乏独立自主的批判能力、自主获取新知识的能力以及探究性学习的能力。其次，高师教育教学理念严重滞后、教师教学方式方法陈旧、单一，并且在运用过程中缺乏灵活性，学生自主学习、独立探究和相互讨论的机会特别少，难以调动学生的积极性和主观能动性，更难以激发和挖掘学生潜在的创造意识和探究能力，容易造成学生思考问题过程中的思维定式，也不利于学生发散性、创新性思维能力的培养。在这种枯燥无味的课堂教学氛围中，学生缺乏学习兴趣，从而在很大程度上造成教师的课堂教学质量不高，教学实效性大打折扣。再次，教育科研活动和教学实践项目是培育师范生创造意识和提高创新能力的重要途径。然而，高师教育在科研实践活动和创新性课题项目环节严重欠缺，不仅数量不足而且形式单一、未能真正发挥其培养师范生探究意识和创新能力的有效作用。这也就造成思政专业师范生参与实践性的科研活动和课题项目的机会少之又少，学生很少有机会能够参与到科研活动和教学课题的研究和探讨中去，即使参与其中也很少能够使自身的创新意识和创造性思维能力得以有效的激发和培养。

（三）部分教师思想迷茫与职业定位的矛盾

长期以来教师的职业无非就是园丁、蜡烛、春蚕等工具性的定位，但是随着社会的发展，教师的职业定位中被赋予了"人本主义"色彩，教师的职业定位与人的生命联系在一起，不再是工具性存在而是创造者。这就要求高校思想政治理论课教师不能再作为政治性工具，没有思想与创造，机械式的完成教学任务与进度，一部分教师甚至思想还迷茫，自身思想迷茫如何给学生带去好的指导呢，对当前高校思想政治理论课的实效性一定也会有影响。

随着时代的发展，社会的进步，学生的需要是不断变化的，要求高校思想政治理论课教师也要不断调整观念，如果不随着时代而重新丰富和定位自己的职业角色，就会出现思想迷茫。只有合理的职业定位才能产生职业成就感，职业成就感指在职业活动中得到了自身价值的满足。教师只有内心得到满足，才会感到快乐，有愉快的情感体验，高校思想政治理论课教师只有获得职业成就感，才能以积极的状态全身心地投入到高校教学工作中。教师的职业成就感得到满足也就很少出现思想迷茫的情况了，人在什么时候才会思想迷茫，在职业角色定位中来自别人的否定，自己职业理想与现实的矛盾，职业目标没有完成，因为没有愉快的价值体验而感到迷茫。

当前也有一部分高校思想政治理论课教师由于社会上、工作上、学历提升方面的压力，在疲惫的状态下没有热情投入到工作中，缺乏创造性。社会和高校对其职业定位与其现实压力的矛盾，导致他们焦虑、不安、厌倦，甚至情绪忧虑和思想迷茫。针对改革开放后一部分教师出现的一切向金钱、向利益看齐的情况，价值取向出现的问题，个人利益突现，认为金钱是衡量一切的标准，当达不到所期望的经济利益时，就会出现思想迷茫与职业定位之间的矛盾，不重视教学和科研等教师本职工作。

高校思想政治理论课教师是马克思主义理论的主要宣传者，肩负着重要的政治使命，在新的时代要能讲好习近平新时代中国特色社会主义思想，做高校学生成长的导师，需要坚定政治立场，思想坚定，在国内外社会环境变化的背景下才不会出现思想迷茫。重要的还是要有正确的职业定位，在职业定业的指引下，树立正确的职业角色，高校思想政治理论课教师职业本是一个使命崇高的，清贫的角色。做学生思想的引领者，工作繁重，情况多变，所以要有高度的事业心和责任心，保持乐观和良好的心态，才不会出现思想迷茫。高校需要在物质方面、精神方面及自我价值实现等方面带给思想政治理论课教师职业成就感，在教学、科研、职称、培训、学历提升方面为教师创造更多的机会，创造良好的社会大环境和高校内环境，给予高校思想政治理论课教师更多的条件发展，在优美愉悦的环境中工作，才能真正减少职业思想迷茫。在教师中开展形式不一的思想理论教育，提升教师的素质，增强教师的政治信念，完善教师的业务能力，只有自身不断加强学习，提高思想认识水平，才能在物欲横流的时代，不至于迷失自己，不会思想迷茫。

二、思政课教师职业素养存在问题的原因

（一）学校方面

1. 思政课教师工作量普遍较大

思政课教师尽管每周的课时并不多，但并非意味着工作量不大。部分学校的思政课教师是紧缺的，意味着一个思政课教师要带很多个班，而且班级超额现象严重。思政课教师工作量普遍较大，没有太多精力和闲暇时间去提升自身的职业素养。

2. 思政课教师队伍建设力度不够

思政课教师队伍的建设对高校思想政治教育工作的顺利开展具有重要的战略意义。没有一支素质优化、结构合理的思政课教师队伍，就无法切实提高课堂教学的实效性。此外，在学历要求上，近几年来的招聘简章才注明全日制硕士研究生及以上学历，而这之前很多思政课教师是本科学历。思政课教师队伍的整体素质亟待提升，学校应该创造条件加强教师在职进修学习，从而使整体教师队伍建设得到优化提升，才能保证教学质量，完成立德树人的根本任务。

（二）体制方面

1. 传统教学模式的弊端

我国传统的教学模式侧重于以教师、教材以及课堂为中心。这种教学模式的弊端是十分明显的，学生无法真正发挥其主体地位，完全是被动地接受教师的灌输。很显然，这与现代社会对人才培养的要求是不相符合的。尽管我国基础教育课程改革要求要改变课程实施，然而，从实施新课程改革到今天十几年过去了，说教与灌输仍然是主流的教学方法。尽管个别学校提出了新的教学模式，但大部分高校仍受传统模式禁锢。思政课的理论性较强，知识难度较大，部分思政课教师会认为只有采用传统的灌输方式学生才能更高效地掌握知识。长此以往，教师提出新理念、新方法以

及改革、创新意识就会消磨殆尽。

2. 传统评价机制的导向问题

我国传统的教师评价机制是以教师自评为主,加之学校的领导、教师对其进行评价,得到教师上课的一些反馈,主要目的是提升教师各方面的素质,最终提高教学质量。然而,这种传统的教师评价机制是存在一些问题的。首先是评价主体的设置不够科学。新课程改革纲要明确指出,要建立多元评价主体,既要以教师自评为主,同时又兼顾学校、学生、同事、家长和社会其他评价主体。纲要本身所规约的教师评价主体值得商榷。因为尽管评价教师离不开教师的自我评价,但由于自我评价具有随意性和主观性,并不能在教师评价主体中居于首要地位。一般认为,教师评价的首要主体应是学生。教师的言行举止只有学生最为清楚,学生评价结果及时反馈给教师本人,对其职业素养的提升是最直接的。学校领导、同事、家长对教师的作为可能知晓,但可能是不完整的甚至片面的。现实评价状况表明,学生并没有获得应有的评价资格,他们的评价也很少受到应有的尊重。教师评价体系中学生的评价权重较小,这无疑影响了评价结果的客观性、公正性,也无益于教师职业素养的提升。

其次,评价机制带有浓厚的行政主义色彩。学校往往按照上级部门的统一指标评价每一位教师,并未看到教师自身的个体差异。这种简单化一的指标量化方法是否科学、合理,是否是当事人真实意愿的表达,是值得我们商榷和思考的。总之,这种单一的评价标准不利于高校思政课教师的发展,扼杀了教师的个性,更不利于教师职业素养的提升。

3. 教师职业培训的不足

在我国,对思政课教师的培养实行的是职前师范专业教育和职后的教师培训。然而,我国的教师培养机制并不健全。首先,思政课教师的职前教育是以单一的师范院校的教育为主,但是师范生们对于专业知识和技能的掌握是参差不齐的。加之我国教师资格证的准入门槛并不是很高,特别是面试环节的通过率达到了70%,这显然无法保障大部分教师具备较高的职业素养。其次,对于思政课教师的职后培训也存在一定问题。国家并没有出台相应的教师培训工作评价机制,对参培教师个人的评价往往用教师获取培训证书来说明培训效果,缺乏对教师培训效果真正意义上的检验和

171

回岗后在教学实践上的成果转换，使得许多培训流于形式。另外，许多培训没有与一线思政课教师的多元化、个性化需求实现精准对接，使得教师培训缺乏实效性，偏重理论但实践环节薄弱，这些都不利于思政课教师的专业成长与职业素养的提升与发展。

第五章　提升高校思政教师职业素养的有效对策

　　本章的主要内容为提升职业素养的有效对策，我们主要介绍了两个方面的内容，分别是学校国家扶持把控和思政教师自身提升。期望能够通过本书的讲解，提升大家对相关方面知识的了解。

第一节　学校国家扶持把控

一、学校方面

（一）管理帮扶并举，提高教师思想道德

　　高校及其领导班子应该深刻落实党中央关于加强新时代教师队伍建设的重大战略部署，研究当前高校专业教师面临的机遇和挑战，从思想上重视起来、从行动上落实起来。以习近平新时代中国特色社会主义思想为指导，提出符合高校实际的、可持续的师资发展规划并制定可行的制度。

　　高校应该创新内部培养机制，院系两级共同推进，提供政策支持和经费保证，为教师提高学历、提升水平、晋升职称创造更多的机会。帮助青年教师成长成才，帮助中老年教师完善自身并做好"以老带新""传、帮、带"的工作。同时，要开阔视野，吸纳校外高层次高水平人才加盟，以人才补给带动师资队伍的壮大和知名，形成"内培外引"相辅相成的局面。在未来的发展过程中，加大对高技能人才、高学历人才的引进力度。并在学校范围内制定科学、合理的人才评价体系吸引真正有能力、有思想、有

干劲的优秀人才加入。

第一，大力引进优秀人才。学校可以通过多维度引才育才，大力扩充教师队伍，对专业紧缺人才实行特殊政策照顾，向政府争取相应的扶持政策。

第二，优化教师岗位结构设置，鼓励教师积极评职称，鼓励教师提升学历，使高校教师的数量、质量达到相应要求。学校可以制定青年骨干成长计划、专家教师培育计划、新手教师指导计划等，帮助青年教师快速成长，帮助骨干教师进一步发展。

第三，改革评、聘制度，加强教师的考核制度，增加教师的活力，提高教师的积极性，提升学校教师队伍的发展，引导教师立德树人。学校要引导教师将自身研究与教学相结合，将相关的教育研究成果或信息转化成教学动能，用最新的、最先进的知识代替陈旧的、老套的教育信息。并且，对外合作与互动，引导高校专业教师积极参与对外合作、对外交流以及相关教育教学培训等，在行动中、在实践中、在学习中逐步提高自己的能力。

第四，高校还要引导教师以小组、团队的形式活动，促进教育合力的形成。一是建规立制，在小组、学院或学校内部建立高度合作的校内教学团队。二是校内的教师以责任共担的方式进行教育相关课程的建设和专业建设，进一步完善教育课程体系。

（二）分层分类培养，提高教师专业能力

为了更有针对性地提高高校专业教师的素养，提升其教育教学能力和核心竞争力，本研究认为应该从如下方面开展相关培训与培养工作。

1. 加强专业教师核心素养的培训

结合教师专业素养结构对相关培训课程进行改造、整合，优化原有的课程体系和教学模式，让专业教师在职业道德、专业技术、创新能力与信息能力等方面获得切实的提升。学校还要组建教学改革研究小组，通过课堂观察、问卷调查、访谈等多种方式收集一手资料，充分研究专业教师的发展需求和制约因素。根据学校条件和教师差异，制定分层、分类、专深的教育计划并全面改造肤浅的课程。

2. 加大教学规范与教学实践要求力度

高校应该制定详细的奖惩政策和支持措施，及奖优罚劣，规范办学、规范教学。如，制定《学校教师发展五年规划》《教师教学规范与指南》《学校教学奖惩办法》等，并切实用于学校管理中，在有条件的情况下全程跟踪这些方案的实施过程，及时予以修订、完善，确保相关政策的操作性和实用性。

3. 加大青年教师的培训力度

研究认为，高校应该重点培训缺乏企业实践经验的中青年教师，教师第一年主要用于跟班听课和下企业实践锻炼；每三到五年轮流安排专任教师必须有半年到一年的时间下企业进行"定岗定责"的实践工作训练或到政府、行业挂职锻炼。寒暑假集中安排专任教师和兼课教师短期强化实践训练项目。还要制定《双师素质教师认定标准与管理办法》，鼓励教师参加行业资格证书考试，参与企业横向课题、应用技术开发等项目研究以及多渠道开展社会服务，并进行必要的监督和约束。定期举办"教师职业技能大赛"，对教师的实践能力进行公开的考评，对获奖者加大奖励力度。

（三）提高高校思政教师的综合素质为关键

高校思政课程教师是教学实践的引领者和策划者，起着掌控教学过程的作用，其理论素养的高低是决定他们能否很好地发挥自身应有作用的基础条件，并直接影响着大学生对其学识魅力的认同，进而影响着对此课程的认同。可以从以下三个方面来保障和提高高校思政课程教师的理论素养：

第一，以选聘为基础，注重对应聘者理论素养的考察。高校在招聘高校思政课程教师时，首先，要着重对应聘人员的专业知识是否扎实、专业认同是否强烈和专业理想是否坚定等进行考察，只有专业知识扎实、专业认同强烈和专业理想坚定的教师才能在各种思想、价值观念互相碰撞和相互渗透的社会环境中，继续做出正确的价值判断、坚定自身的马克思主义信仰不动摇，同时也能游刃有余地应对大学生身心特点不断变化提出的挑战，从而可以引导着大学生按照正常的轨道逐步成人成才。其次，还要对应聘人员的知识面是否广博进行考察。该课程是一门综合性较强的学科，涉及经济学、逻辑学和教育学等多门学科，需要教师具备较为完善的知识结构，只有这样才能在教学实践中把此课程的相关知识多角度地讲透、讲明白，进而提升自身的学识魅力，触发大学生学习此课程的兴奋点，进而提高大学生对它的认同。最后，要注意对应聘人员的科研和自主学习等能力进行考察。知识的深度和广度是需要不断深化和拓展的，而科研和自主学习等能力是该课程教师不断深化和拓展知识深度和广度的基础，只有这些能力较强的教师才能在日后的教学、科研中不断提升、完善自我。

第二，以科研组织建设为平台，不断提升教师的理论水平。一方面，国家和高校要加大对高校思政课程科研的支持力度，包括资金支持和项目支持等。另外，高校和马克思主义学院或思政教学部要完善"传帮带"的组织建设，要重视资深教授、副教授对普通教师科研能力的指导和带领作用，保证该课程教师队伍是一支生机勃勃、结构合理的优秀教师队伍。另一方面，高校思政课程教师尤其是年轻普通教师要自觉主动、刻苦努力地提升自身科研能力，积极主动地申请、参与科研项目，虚心向资深教授、副教授学习、请教。

第三，以培训、交流为抓手，重视对教师的后期培训和教师之间的学术交流。国家、高校和教师自身要重视培训和交流对此课程教师和自身能力提升的重要作用。首先，国家要加大对"中青年学术带头人"和"骨干教师"等的培训力度，提升各高校的整体理论水平，更好地发挥"传帮带"作用。其次，高校和马克思主义学院或思政教学部要积极组织教师通过去其他学校参观学习或参加相应的培训来开拓他们的理论视野和科研视角，也可以通过组织学术交流会、科研成果和经验分享会等来互相学习和提高等。最后，高校思政课程教师尤其是年轻普通教师要积极主动地参加相关培训和交流会，并认真地做好培训总结和交流心得。

（四）构建学术交流平台

学校可以构建学术交流平台，以各个学校的教研组为最小的学术交流单位，加强校与校之间、校内教师之间的交流与合作。

基于此，提出以下几点建议：一是设立思政课教师学术交流专项基金。学校积极鼓励思政课教师参加各种学术会议，要求教师提交高质量的学术论文，以保证会议经费的有效使用。二是开展学术竞赛活动。为提高思政课教师的科研水平，学校可以开展学术竞赛活动，征集优秀的科研论文进行评比，并设置一定的物质奖励以激发教师的积极性，组织各个学科的教师进行切磋交流。三是构建校际学术信息交流平台。由于各个学校间的办学特色、历史文化积淀的差异，所举办的学术交流活动也不尽相同。同时，不同学校的教师的教学理念、科研成果也各有千秋。因此，学校应为教师提供各具特色的学术交流活动，尽量避免学校围墙给学术交流活动带来阻碍。应加强各个兄弟学校的交流合作，组织教师积极利用学校周边的学术资源，到兄弟学校听讲座、进行学术交流。五是构建国际学术信息交流平台。思想政治教育属于意识形态范畴，有人认为思想政治教育无法国际化，因为一旦国际化，就是我们吸收了西方资本主义的意识形态。其实这完全是无稽之谈，因为构建思想政治教育国际交流平台只是为了吸收借鉴其他国家优秀文化成果、有益于思政课教学的教学经验以及教学模式等。习总书记在全国思想政治理论课教师座谈会上也对思政课教师提出"视野要广"，要想视野宽广、具备国际视野，构建国际学术交流平台至关重要。

（五）加强教师职业规划教育

简单来说，教师职业规划教育就是说高师教育要通过各种有效的教育途径来引导和帮助师范生对自己的教师职业发展有一种非常明晰的认识和规划，进而树立坚定的教师职业观和正确的教育价值观。当前，大部分思政专业师范生没有自己的职业规划，无法准确定位自己的职业发展方向，究其原因在于高师院校教师职业规划教育缺乏系统性和规范性，教育内容和形式单一且具有滞后性，未能从整个大学期间统筹规划学生的教师职业规划教育。对此，高师院校必须高度重视对师范生的教师职业规划教育，从新生入学伊始就要统筹规划、全面监督。一方面，要高度重视课堂教学在教师职业规划教育中的重要地位。在高师院校课程设置中要加入与教师职业规划与指导方面相关的课程内容，教师要注意向学生讲述教师职业的光荣感和使命感以及教师职业肩负的育人传道的重大社会责任，逐步引导师范生对教师职业树立一个正确的、全新的教师职业观。另一方面，全面肯定实践教学活动对师范生从事教师职业的引领功能，充分发挥微格教学、教育实习、顶岗支教等一系列学校实践教学活动在塑造师范生教师职业理想过程中的重要作用。同时，在实践教学活动中要强化师范生对思政课程改革新要求的深刻认识，全面反省自己教师职业素质的存在的不足，培养专业精神，实现思政专业师范生教师职业素养的全面提升。

（六）加强学生人格教育

教师的人格修养如何关系到学校的教育教学质量和未来国民素质的高低。加强高师思政专业学生人格教育不仅是素质教育和时代需要的呼唤，同时也是高校深化教学改革内容的方向和目标之一。长期以来，高师教育过分强调专业知识的灌输而忽视人文精神教育的渗透，使高师人格教育质量不高并且流于形式，造成人格教育的缺失。因此，高师思政专业的教师培养工作应做到：首先，培养师范生坚定的政治品格。政治品格在政治课教师人格修养中处于首要的位置，它是指导师范生树立其他一切人格品质的关键性因素。因此，高师教育要通过政治性的理论宣讲和实践性的社会政治活动充分激发学生参与社会政治生活的积极主动性，使师范生不仅要从内心深处有提高自身人格修养的强烈意愿和自觉意识，还要真正从行动上加强坚定的政治信念和完善的政治品格的锻炼与提升。其次，培养师范生正确的育人价值观和良好的道德品质，这是师范生从事教师职业所必须具备的育人的根本素质，它在师范生人格素质中发挥着决定性的作用。思政专业与其他应用性、操作性课程的最大不同之处在于，教育者不能仅仅注重对学生显性的理论教育和硬性的书面灌输，而应该将大部分时间和精力都用在研究学生的思想，关注学生的心理健康状态上，要教会学生树立正确的价值观念和健康的生活态度。这就要求师范生要严格要求自己的一言一行，从生活中的一点一滴做起，严格规范自己的行为，做到传授知识与为人师表两不忘。

（七）建强师德师风优化教师队伍配置

教育是改变社会条件和实现人类自由而全面发展的重要手段，马克思认为教师在阶级属性上隶属于从事脑力劳动的无产阶级，是教育活动的承担者，对于促进社会发展和实现人才培养具有重要意义。复旦大学在党委领导下开展"强师行动计划"，创建"三关心一引领"模式，全方位提升教师理论教学水平。此外，还将师德师风作为新时代优秀教师育人队伍的

第五章 提升高校思政教师职业素养的有效对策

首要标准，以"全国优秀共产党员"钟扬同志为学习典型、榜样开展宣传教育活动，引导本校教职工在奉献、服务与担当中钻学问、修品行。南开大学搭建教师成长平台，成立教师发展协会，从人员机构配置及思想理论水平等层面对教师队伍进行优化，鼓励中青年教师参与"择优资助计划"、创新示范团队等项目，助力教师成长发展。"师者，人之模范也"，教师的一言一行都将会成为学生学习模仿的榜样。教师自身的思想道德修养与思想政治教育工作水平的高低直接关系到高校整体的思政育人工作成果的优良。习近平总书记在多次座谈会中也强调一支师德高尚、业务精湛、充满活力的高素质专业化队伍对我国教育事业发展的重要性。在全方位思政育人体系中建立一支强有力的思政育人教师队伍，首要工作便是提升教师的道德自觉，道德自觉性的高低直接关乎于教师在工作中主观能动性发挥的程度。第一，高校要加强对全体教师的思想层面宣传教育。关注教师的思想动态变化，督促教师认真履行职责，根据学校相关教学制度，贯彻落实党的政策与方针，提升教师在思政育人工作的积极性和规范性。第二，教师要加强自身的道德修养。严于律己，保持健康的思想状态以及正确的行为方式，为学生树立榜样，对学生进行行为实践的教学。其次，提升教师的专业水平与专业能力。学校要对思想政治教育的专门人才进行大力的培养和选拔，建设一支专业化、职业化的思政教师队伍。高校可以鼓励各专业教师攻读马克思主义理论专业硕士、博士学位，定期组织优秀教师代表外出进修、培训，鼓励教师自觉和主动学习先进地区、国家的最新知识体系、实践经验等。组织教师参加思政育人为主题的座谈会，互相交流、分享实践教学活动中的成果，互相学习，共同进步。邀请思政育人领域内的专家在学校开办讲座，引导教师掌握最新的学科研究动态；评选"优秀示范课""思政精品课"，并在线开放、共享等。最后，抓住关键少数优化教师配置。在教师与学生的比例上，严格遵循专职思政工作人员和党务人员应不低于百分之一，专职辅导员岗位按不低于二百分之一，心理咨询教师不低于五千分之一的方案优化高校教师配置，满足思政工作开展要求。

二、政策支持

（一）政府保障，激发教师活力

《中国教育现代化2035》明确指出，各级政府要以教师教育转型发展为政策导向，逐步加强职业教育的现代化，打造新时代的大国良师，对此，需要政府部门进行顶层设计并大力调控。如此一来，政府通过全方位、多维度的统筹管理来提升高校专业教师的职业发展，提高教师的职业素养。作为政府，应该在"放管服"等方面着力引导高校发展，引导职业教师专业素养提升。如，主管部门应该调研相关院校关于师资培训的成功经验，结合高校实际，出台一系列政策，为学校的人才引进提供保障。鼓励、督促教师到现场培训、学习，增加教师的培训规模以及培训经费，加强对"双师型"教师队伍建设的支持。政府尤其是地方政府需要在国家教育方针和教育战略的基础上，切实落实高校的办学自主权，出台相关措施鼓励并深化高校开展综合改革，加强教师职业素养，全面提升教育水平。多方筹措资金并提供宽松办学环境，激发高校办学活力和教师的教育动力。

（二）营造尊师重教氛围，提高教师的荣誉感

当前，社会对教育格外重视，国家和各级政府要履行其责任，大力投入，加强各类学校和教育机构的师资力量建设，努力培养一大批高水平教师。长期以来，社会上对教育形成了消极认知和一些偏见，政府部门应该不驰于空想，不骛于虚声，深入社会和教师中间，掌握一手资料，摸清真实情况，研究解决思路，找出落实路径，让广大教师普遍受益。

具体来说，政府应该在一定程度上给予企业税收优惠或将原有税收反补教学。政府要加强顶层设计，增强教师队伍的吸引力，提高广大高校教师尤其是青年教师的生活待遇，让广大从业教师有荣誉感、获得感、成就感，吸引更多的优秀人才进入到教师行业。当然，提高教师的待遇，营造良好的"尊师重教"氛围是一项艰巨工作，也是相关部门不可推卸的责任。

第二节　思政教师及辅导员自身提升

一、主动变革，进行深刻角色转型

转变教师角色，改变传统教学方式与方法已成为当今教育改革的趋势，教师不仅仅是要教授相关技术，还要"传道授业解惑"并且需要调动多种因素，让学生积极主动学习。研究认为，目前的高校逐渐向培养技能型、复合型人才转型，对"双师型"教师需求增多。当前的教师应该打破路径依赖，打破"铁饭碗"意识，以全面发展或双向发展为追求。不断加大教育教学的改革力度，践行"理论学习+实践锻炼+面向社会"的教学模式，实现自我的改造，保证学生理论素养、教学技能和创新创业能力的全面培养。

另外，高校教师之间应该加强团队协作，提倡集体攻关，构建交叉融合的"层级化"教师队伍组织结构。积极争取院系、学校的支持和扶持，努力形成"以才聚才、以才引才"的良好氛围，努力建成具有核心竞争力、能够承担教学、科研任务的优秀团队。鼓励专业教师通过网络共享资源开展学习，利用校内实训基地模拟锻炼以及通过校企共建培养基地开展实战训练等方式提升实践能力。

二、"工教结合"，提高教师"双师"素养

高校还可以基于"工教结合"构建的符合学院特色和职教发展规律的师资队伍培养模式。充分利用院内外多样化培养平台，将教师的企业实战能力培养与专业教学能力培养高度融合，整体提高师资队伍水平来满足优质教育的需要。通过"工教结合"的师资培养模式，充分利用现有校内生产性实训基地的优势，积极拓展与政府、知名企业的合作，共建的"双师"素质教师培养基地。所以，我们建议高校制定"校企共建师资培训基地管理办法"等制度，在企业设立"教师工作站"，制定"教师企业实践

工作量"并纳入教师的年度考核范畴,进一步实践"工教结合"的师资队伍培养模式。

为了全面深入推进校企合作,做到整体规划,统筹安排,使工作富有成效。该学院早早建立校企合作工作联动机制。学院校企合作工作归口校企合作处统筹规划、管理,各部门指定一名副职以上领导负责校企合作工作,具体负责推进、管理本部门的校企合作工作。校企合作处与各部门形成联动,加强沟通、协作,以教师跟岗培训、挂职锻炼等多种方式开展合作交流,共同推动学院校企合作工作向深度和广度发展。

三、树立"以学生为中心"的教学观

以"教师为中心"是我国传统师范教育的一个显著特征,在此种教育观念支配下的教师是整个教学过程的主宰,学生的主体地位丧失。新课改认为,教学过程是教师主导下的学生个性的认识过程和发展过程;教师与学生是一种平等合作、积极互动的关系,教学过程中教师要注意启发诱导学生,实现教学相长,共同发展,共同提高。诚如《纲要》所特别强调的,要以学生为课堂教学的中心,注重启发学生的独立自主性,一切从全体学生的发展需求出发,为学生制定符合他们自身成长和发展的人生规划。因此,新课改要求未来的政治课教师要树立以学生为中心的教学观,引导学生主动参与教学并且勇于对老师提出的问题敢于质疑和探究,进而在自由、宽松和充满学习氛围的教学情境中逐步启发学生的创造性,提高学生的探究性学习能力、实际操作能力以及团队协作的能力。另外,教学的着眼点绝对不能像以往传统教育一样仅仅停留在理论传授上,更应该注重学生对所学知识的分析和研究过程,要重在通过知识的内化促进学生正确价值观念的养成,实现成才与成人并举。

四、提升自身语言表达能力

高校辅导员要具备良好的语言表达能力,在对学生进行思想政治教育和展开学生工作时要使用内容丰富、逻辑严谨、形象生动的语言。语言表达能力对于高校辅导员来说至关重要,辅导员要掌握一定的表达技巧,使自己的语言表达准确、严密、生动。

高校辅导员要掌握交流沟通和论辩的技巧,能够准确完整地表达自己的观点,要善于做演讲和宣讲。此外,高校辅导员要能够使用语言将自己的工作思路条理清晰地表达出来,以便向学校领导汇报工作。高校辅导员要在交流过程中抓住学生的心理特点,有针对性地对学生进行说服教育,提高教育效果。语言表达既是一门科学也是一门艺术。善于运用语言表达的人能够清晰地表达自己的观点,同时能够运用感情打动受话者。

思想政治教育主要通过语言完成教师和学生之间的交流。因此,语言表达对于高校辅导员的工作的完成有重要影响。

高校辅导员的语言表达要适应学生的层次性的特点。高校学生有层次性的特点。这些学生来自不同的年龄层,有各自不同的经历,具有互不相同的性格和素质等。这就要求高校辅导员要在与不同的学生沟通时采取不同的语言表达技巧。

对于勤奋好学的学生要使用委婉的侧面提醒的方法,使这类型的学生能够及时发现自己在学习中存在的问题和不足之处;对于平时不遵守学校的规章制度和课堂纪律的学生要使用严肃批评的方法,直接对其不良习惯给出严厉的警告;对于自尊心较强的学生要使用柔和委婉的语言向其讲授道理;对于性格活泼的学生要使用活泼生动的语言对其进行教育;对于学生干部要采取直接沟通的方式,直接指出学生工作中的问题;对于学习成绩处于班级中层的学生要使用激励性的或与鼓励他们努力学习;对于学习成绩不佳的学生要使用开导性的语言,劝其努力学习。总之,高校辅导员要根据学生的不同层次使用不同的语言表达极其,针对学生的具体问题给出建议。

首先,高校辅导员的语言表达要满足学生的爱的需要。高校辅导员要保证能够为学生提出正确的建议,在向学生提出建议的同时还要得到学生的尊重和爱戴。高校辅导员要在语言表达中表达出学生的关心和爱。高校辅导员如果不是发自内心的喜爱学生,那么他的语言表达将是苍白无力的。高校辅导员需要对学生进行严格管理,但要通过耐心的教诲实现对学生的严格管理。

其次,高校辅导员的语言表达要满足学生获得尊重的需要。高校学生有较强的独立意识和强烈的自尊心,针对这一特点,高校辅导员应在学生工作中使用恰当的原因激发学生的自尊心，使其发奋学习，以实现在平和的语境中获得最佳的表达效果。

最后，高校辅导员可以使用幽默的语言向学生讲述道理。幽默的语言能够吸引学生注意力，提高教学效率。

五、提升服务学生的能力

高校辅导员既是教育者又是管理者，同时也是服务者，在全面推进素质教育的工作中具有重要力量。高校辅导员应具备服务学生的能力以扮演好服务者的角色。

在当今社会主义市场经济大发展的条件下，由现实问题带来的思想问题越来越多。一般来讲，大学生们绝大部分的思想问题是由现实问题引起的，辅导员要想办法积极解决大学生们存在的现实问题。对于不能及时解决的现实问题，辅导员要对学生进行心理疏导，减轻学生的心理压力。

现阶段高校毕业生面临很大的就业压力，毕业生急需就业指导和就业帮助。辅导员与学生的关系最为密切，在毕业生的就业指导工作中具有重要作用。高校辅导员应为毕业生提供必要的就业指导和就业服务，指导毕业生科学择业，减轻毕业生的焦虑。

六、提升科学研究和创新能力

要建设专业化、专家化、职业化的高校辅导员队伍，高校辅导员要培养自身的科研能力和创新能力。高校辅导员要培养自身的科研能力包括教育学和管理学领域的研究能力和马克思主义基本原理领域的研究能力。

高校辅导员的工作有实践性的特点。在具体的工作实践中，高校辅导员目睹了大量的现象和问题，对这些现象和问题，高校辅导员有自己的思考。但这种思考不应是建立在经验的基础上的，而是要归纳总结经验，在理论高度对其进行思考。在管理学生的过程中，高校辅导员要采用科学的管理理论分析学生管理和管理中出现的问题，结合以往经验，形成理论，以便为之后的工作提供指导。

第五章 提升高校思政教师职业素养的有效对策

因此，高校辅导员要将传统的基于经验的工作模式转变学术型和研究型的工作模式。这要求高校辅导员要具备专业理论能力和科研能力，能够将工作经验和科学研究结合起来。

七、提升自我控制和驾驭复杂局面的能力

高校辅导员要掌握一定的心理学知识和心理发展规律并对自己的心理特征有一定的了解，以帮助自己形成对辅导员角色的具体认识。在工作过程中，辅导员要面对来自各个方面的各种各样的问题，心理状态和情绪难免出现波动。这时辅导员就需要使用心理学知识调整心态，平稳情绪，以保证顺利完成工作。此外，高校辅导员需要在工作过程中保持良好的情绪，这样能够提高工作效率，也能使辅导员更受学生的欢迎。

现代社会不断发展，社会中出现了很多不确定因素。高校辅导员主要负责学生的思想政治教育，与学生的接触也最为频繁，因此会遇到很多不确定因素。为有效应对这些不确定因素，高校辅导员应在实践中不断锻炼自己，分析影响学生行为和思想的各种因素，以便在面对复杂问题时能够快速判断成因，及时找出应对策略。

八、提升将教材体系转化为教学体系的能力

中共中央宣传部、教育部在2015年7月印发的《普通高校思想政治理论课建设体系创新计划》中指出："积极培育和推广优秀教学方法，建设理念科学、形式多样、管理有效的思想政治理论课教学体系。[①]"构建高校思政课程教学体系不仅是有序地进行该课程教学的基础，也是提升该课程教学质量的必然要求。因此，高校思政课程教师必须提升自身将教材体系转化为教学体系的能力。具体来说，可以从以下三个方面来努力：

[①] 引自中共中央宣传部、教育部在2015年7月印发的《普通高校思想政治理论课建设体系创新计划》。

（一）掌握精湛的语言表达艺术

教材中的各种理论、思想和概念都是经过高度凝练而来的，具有较强的逻辑性并涉及许多的知识点和理论，对于大学生尤其是认知能力较弱、理论基础知识薄弱的低年级学生来说，直接理解教材中的高深理论、思想结晶等确实是一个很大的挑战，这就需要此课程教师用经典的案例、释义加以通俗、幽默的教学语言来给大学生做出解读，让教材上的各种理论、思想"活"起来，让它们走入学生内心。高校思政课程教师在组织教学语言时可以根据教学内容、大学生的认知能力和理论水平等而选择恰当的语言方式，或浅入深出，通俗易懂，或智慧哲思，引人入胜等。比如在讲哲学问题时，可以选用深入浅出的教学语言，将逻辑性强、抽象的哲学道理通过通俗易懂的语言表达出来，然后再用引人入胜的、富含哲理的语言进行总结概括，这样既可以把抽象难懂的理论讲解清楚，又不会让哲学失去它的哲理魅力。因此，该课程教师应该努力掌握精湛的语言表达艺术，合理运用教学语言方式，让语言艺术成为激发大学生学习此课程兴趣的"敲门砖"。

（二）拥有较强的教材内容整合能力

高校思政课程既是一门涉及多门课程的学科体系，又是对学生进行系统思想政治教育体系的一部分，因此，其既具有内容丰富、理论众多、信息量大的特点，也具有不可避免的横向、纵向上的重复性，这就使得此课程教师要想在有限的课时内按质按量地完成教学任务、实现教学目标就必须在熟知教材体系脉络的基础上，依据教学大纲和教学目标对该课程做好定位，对教材内容定好主线，有所取舍和侧重，把握好重难点，使教学内容详略得当，结构合理，比如在整合教材内容时，可以依据理论本身的内在逻辑、历史事件或理论发展的时间顺序等为主线来进行整合，使得教学内容更具逻辑性、脉络更加清晰；也可以让不同课程的教师在一起备课，对课程之间相互重复的内容进行教学分工。这样既可以避免因教学内容重复，而削弱大学生的学习兴趣，影响教学效果，又可以彰显教师的教材内容整合能力，提高大学生对教师能力和教学内容的认同。

（三）具备较强的教材内容重塑能力

教材重塑就是在坚持教材基本理论、观点和思想等的前提下，选择好教学内容的切入点，使教学内容以大学生所喜闻乐见的形式出现，使其更加富含生活色彩和贴近实际，更加符合大学生的学习规律和接受能力。重塑教材内容的关键就是如何选择好教学内容的切入点，良好的切入点选择可以起到吸引大学生注意力，激发其学习兴趣，深化教学内容、加深教学印象的作用。在选择切入点进行重塑教材内容时要注意以下两方面的问题：一方面，要选择当前国际国内的焦点话题、社会现实问题和大学生感兴趣、关心的话题进行切入和重塑，将教材理论与社会实际联系起来，让大学生切身体验到理论的力量就在身边而非遥不可及，这样既可以提高大学生学习此课程的兴趣，又可以在传授理论的同时教会他们运用所学理论和原理进行分析问题、解决问题的角度和技巧，从而提升他们适应社会的能力。另一方面，理论联系实际时的话题或案例的选择应该去粗取精、去伪存真、角度新颖、构思巧妙，切合教学内容，符合教学目标，适合大学生的实际理解能力和判断能力。

九、发挥思政课教师的主导作用

思想政治理论课构成了大学生思想政治教育的主渠道，发挥着主导作用。思政课教师承担着大量的思想政治教育教学工作，在协同中要充分重视思政课教师的主导作用。

（一）把握大学生思政教育的政治大方向

作为培养学生树立正确的世界观和价值观的课程，思想政治理论课具有思想性、政治性和理论性等特点，其中政治强是第一要求。这就要求思政课教师要把握住大学生思想政治教育的政治大方向，无论是在教学还是在日常教育中，都要旗帜鲜明讲政治，坚定不移讲立场，引导大学生思想政治教育不偏离正确轨道。首先，在教学过程中要有高度的政治敏锐和政治责任，与学生的互动中引导学生树立正确的政治观念和政治价值，在关键问题上不回避不模糊处理，以培养社会主义建设者和接班人为己任。其次，在课堂上要讲好中国故事，以革命、改革、发展过程中出现的先进事迹和感人故事，感染影响学生，培养学生树立对我们党和国家的政治理论的真理性和实践行为的正确性的内在确信。最后，要及时纠偏，在学生产生思想偏差时，正确引导，尤其在大是大非问题面前敢于亮剑，与普世价值论、历史虚无主义等错误思潮和言论作坚决的斗争，理直气壮地讲好思政课，最大限度地感染学生，赢得学生的信任和尊重。

（二）培养学生树立坚定的马克思主义信仰

新形势下做好马克思主义教育是理论教育至关重要。首先，思政课教师要从马克思、恩格斯、列宁等无产阶级革命家的经典著作出发，系统梳理马克思主义的理论框架，引导学生从原著原文中掌握基本的立场观点方法。其次，思政课教师要注重中国特色社会主义理论体系的讲解学习，这是马克思主义中国化的成果，特别是习近平新时代中国特色社会主义思想的宣传教育，结合现实案例，让学生对所处时代最新理论有更深入的感悟。最后，思政课教师应在教学中加入对马克思主义污名化、庸俗化的质疑，使教学内容更具实效性和针对性，如结合课程内容，可以在《原理》《概论》等课程中穿插当代西方学者和媒体对马克思主义的质疑和虚无，揭露这些言论和质疑背后的本质，阐明马克思主义的时代意义和当代价值，使学生坚定马克思主义信仰。

（三）引导学生自觉遵守法律法规和道德规范

学生进入大学，开始与社会的独立接触，价值观也逐渐形成，引导他们自觉遵守法律法规，培养良好的道德品质必不可少。要利用好《思想道德与法治》课程，作为是思政课中一门必修课，学生在一开始就要接触到这门涉及人生观、价值观、道德观、法律观等重要内容的课程，也是帮助大学生树立正确的理想信念和道德观念的重要课程。首先，在课堂教学中可以通过影像视频加深学生对相关内容的理解，如通过《感动中国》等节目对学生进行中国精神教育和社会公德教育，通过法制频道的相关普法节目让学生明确法律法规的界限和行为底线。其次，教师在教学过程中不能

第五章　提升高校思政教师职业素养的有效对策

忽视法律基础相关的课程内容的讲解，这是许多老师的专业弱项，往往被一带而过或粗糙处理，极不利于学生对知识的理解，因此，可以在实践教学环节通过开展模拟法庭、法律知识竞赛、案件分析等活动，激发学生自主性，让学生在实践中深化理解，使枯燥、难啃的法律知识变得生动有趣起来。最后，思政课教师面对刚刚步入大学的大学生，要主动走到学生身边，走进学生心理，与学生交朋友，建立良好的师生关系，用自己的个人魅力感染学生，并在接触中及时发现问题加以引导，帮助他们适应新的生活和环境。

参考文献

[1] 颜丽,赵彩珍. 深化课程思政建设推进高校思想政治教育 [J]. 共产党员（河北）,2021（18）:41.

[2] 许元政. 高校课程思政与课程改革的思考 [J]. 太原城市职业技术学院学报,2021（08）:184-186.

[3] 李姝. 高校思想政治理论课法治教育实践教学路径探究 [J]. 黑河学院学报,2021,12（08）:113-115.

[4] 郭静. 浅谈高校教师党建与思政工作深度融合的策略 [J]. 决策探索（中）,2021（08）:56-57.

[5] 钟小辉. 高校思想政治教育工作现状与对策分析 [J]. 决策探索（中）,2021（07）:28-29.

[6] 徐乾. "课程思政"理念下高校公共艺术课程改革路径研究 [J]. 牡丹江教育学院学报,2021（06）:99-101.

[7] 吴海翠. 高校思政课程改革面临的问题及解决对策 [J]. 中学政治教学参考,2021（23）:108.

[8] 林媛红,张君辉. 论新时代高校思政课教师的素养 [J]. 广西社会科学,2021（04）:184-188.

[9] 刘俊涛,刘晓苑. 高校思政课教师职业自信论析 [J]. 中学政治教学参考,2020（41）:90-92.

[10] 李海龙. 高校教师职业素养的内涵与养成 [J]. 吉林化工学院学报,2020,37（12）:49-53.

[11] 任红杰. 线上教学视域下高校教师职业素养自我提升研究 [J]. 继续教育研究,2021（01）:115-118.

[12] 吕春燕. 高校网络思想政治教育平台的现状调查与分析 [J]. 现代商贸工业,2020,41（35）:14-15.

［13］李晓杰. 新时代高校辅导员核心素养培育研究［D］. 哈尔滨：哈尔滨师范大学，2020.

［14］刘伟. 增强高校学生思政课获得感的方式探析［J］. 石家庄职业技术学院学报，2020，32（05）：55-58.

［15］赵游泳. 高校思想政治教育就业指导现状及完善策略分析［J］. 就业与保障，2020（18）：183-184.

［16］吴蕴梅. 地方本科院校就业指导教师职业素养研究［J］. 教育理论与实践，2020，40（27）：47-49.

［17］许蓉. 不断提升高校思政课教师职业素养和水平［J］. 山东干部函授大学学报（理论学习），2020（09）：59-62.

［18］黄玉凤. "课程思政"理念下高校就业指导课程改革路径探析［J］. 海峡科学，2020（08）：91-93.

［19］张露. 新时期下高校思政课教师职业素养提升研究［J］. 国际公关，2020（07）：87-88.

［20］孙洁，华晔，王震. "课程思政"视阈下高职教师职业素养的理性审视［J］. 湖北开放职业学院学报，2020，33（03）：75-76+81.

［21］程艳，丁祥艳. 高校思想政治理论课"听读写说行"教学模式研究［M］. 北京：新华出版社，2020（01）.

［22］屈桃. 新时代高校思想政治教育亲和力提升研究［D］. 西安：陕西师范大学，2019.

［23］钟俊生，左浩淼. 新时代立德树人在高校思想政治教育中的现状及对策分析［J］. 思想政治教育研究，2019，35（04）：129-134.

［24］赵志升. 新形势下高校思政课程改革方向新探究［J］. 中国多媒体与网络教学学报（上旬刊），2019（06）：209-210.

［25］汤敏，周剑飞，李克卫，任积丽，顾美君. 新时代背景下高校大学生思想政治教育现状分析与对策［J］. 才智，2019（14）：127-128.

［26］张丽. 高校思政课程改革的实践方案与基本经验研究［J］. 中国多媒体与网络教学学报（上旬刊），2019（05）：51-52.

［27］李小丽. 微时代高校思想政治教育话语分析及发展前沿问题探究［M］. 北京：新华出版社，2017（03）.

［28］顾海良. 高校思想政治理论课程建设研究［M］. 北京：中国人

民大学出版社：高校马克思主义理论教学与研究文库，2016（01）.

［29］刘钊. 伦理视域下高校思想政治教育体系构建研究［D］. 成都：电子科技大学，2013.

［30］雷儒金. 高校思想政治理论课教学方法改革研究［D］. 武汉：武汉大学，2012.